CiNÉMATO GRAPHiX

L'édition originale de cet ouvrage a été publiée en 2013
en Grande-Bretagne par Cassell Illustrated,
un éditeur d'Octopus Publishing Group Ltd,
sous le titre *Infographic Guide to the Movies*

First published in Great Britain in 2013
under the title *Infographic Guide to the Movies*
by Cassell Illustrated, a division of Octopus Publishing Group Ltd
Endeavour House, 189 Shaftesbury Avenue, London WC2H 8JY

5 rue Laromiguière, 75005 Paris
www.dunod.com

ISBN 978-2-10-071138-3

Traduction : Laura Orsal
Couverture : Corps 8
Composition : Arclémax

Imprimé en Chine

KAREN KRIZANOVICH

CINÉMATO GRAPHIX

TOUT LE CINÉMA EN 1001 INFORMATIONS UTILES OU FUTILES À DÉCOUVRIR PAR L'IMAGE

Traduit de l'anglais par Laura Orsal

DUNOD

SOMMAIRE

Avant-propos

de Karen Krizanovich

Le métier de critique de cinéma se fait de plus en plus rare. Pourtant, tout le monde pense pouvoir donner son avis sur un film.

Alfred Hitchcock a dit : « *Le théâtre, c'est la vie ; ses moments d'ennui en moins.* » C'est pour cela que nous aimons le cinéma. Les films nous permettent d'échapper à notre quotidien et nous ouvrent de nouveaux horizons. Ils nous dévoilent des choses que nous n'avions jamais imaginées, comme le fait qu'un ballon puisse être notre meilleur ami (*Seul au monde*, Robert Zemeckis, 2000).

La réflexion d'Hitchcock sur la vie s'applique également à la datavisualisation, c'est-à-dire la représentation graphique d'informations et de statistiques ; ses éléments ennuyeux en moins. D'après les experts, la datavisualisation est le moyen le plus rapide et le plus efficace pour comprendre et retenir des données : le cerveau a en effet tendance à s'approprier plus facilement des informations présentées sous la forme de schémas, diagrammes et autres objets graphiques. La datavisualisation est notamment idéale pour ceux d'entre nous qui sont les plus allergiques aux chiffres. Elle permet par exemple de retenir plus facilement des dates et une chronologie. Elle convient en outre parfaitement pour un art tel que le cinéma – également considéré comme un divertissement – où les procédés mnémotechniques visuels sont essentiels pour structurer la pensée.

Pour résumer, grâce à la datavisualisation, vous deviendrez sûrement un vrai puits de science pour votre entourage, et brillerez davantage en soirée auprès de vos amis, lors d'un quizz ou encore d'un entretien professionnel, à condition d'en faire bon usage et de ne pas passer pour monsieur/madame-je-sais-tout.

Tout le monde pense être imbattable en matière de films. Le cinéma produit un effet particulier : vous n'entendrez jamais les spectateurs discuter d'une pièce contemporaine ou d'un morceau de musique country avec autant de ferveur que d'un film. Mais ce n'est pas parce que nous passons une grande partie de notre vie à regarder des films que nous devenons des spécialistes pour autant. Alors si vous voulez vous distinguer en parlant de cinéma, privilégiez une présentation détaillée des pays visités par James Bond ou de la filmographie de Francis Ford Coppola. Avec de telles connaissances, vous étonnerez et épaterez sans aucun doute votre entourage, notamment ceux qui ne savent pas quoi penser de vous.

Plongez-vous dans ce livre et prenez le temps de redécouvrir des informations que vous pensiez connaître. Et si vous les comprenez en un seul coup d'œil, sans vous perdre dans la masse labyrinthique de données, je vous tire mon chapeau !

Ce livre ne peut couvrir tous les sujets, si charmant et amusant soit-il. Si certaines illustrations ne vous parlent pas, souvenez-vous de ce que disait le célèbre statisticien George E.P. Box en 1987 : « *Fondamentalement, tous les modèles sont faux. Mais certains sont utiles.* » La datavisualisation est utile, mais elle ne fait pas tout. D'ailleurs, elle ne le peut pas. L'histoire n'est jamais terminée dans le monde du cinéma, quel que soit son avenir (saluons les inventeurs du Betamax). Encore une note d'esprit de la part d'un autre célèbre statisticien américain, John Tukey : « *Mieux vaut une réponse approximative à une bonne question, qui est souvent vague, qu'une réponse exacte à une mauvaise question, qui peut toujours être précisée.* » Si seulement je l'avais rencontré... Il y a toujours une information à découvrir, et cela change radicalement notre façon de voir les anciennes données. Les deux sont indissociables. Sans cet appréciateur d'informations, tous ces graphiques seraient inutiles. Comme disait le philosophe grec Aristippe de Cyrène, « *il ne s'agit pas de beaucoup lire, mais de bien lire* ».

Certes, nous avons laissé de côté certaines choses. Savez-vous pourquoi ? Parce que, comme le dit Sean Penn, acteur, réalisateur et producteur de talent, « *quand il y a toutes les réponses, c'est un simulacre* ».

L'AMOUR N'A **PAS D'ÂGE**

En 2011, dans le film Sans identité, *Liam Neeson avait 26 ans de plus que January Jones, qui interprétait sa femme. Depuis* Le port de l'angoisse *(1944) où Bogart a conquis Lauren Bacall, de 30 ans sa cadette, les acteurs sont généralement bien plus âgés que leurs partenaires féminines à l'écran.*

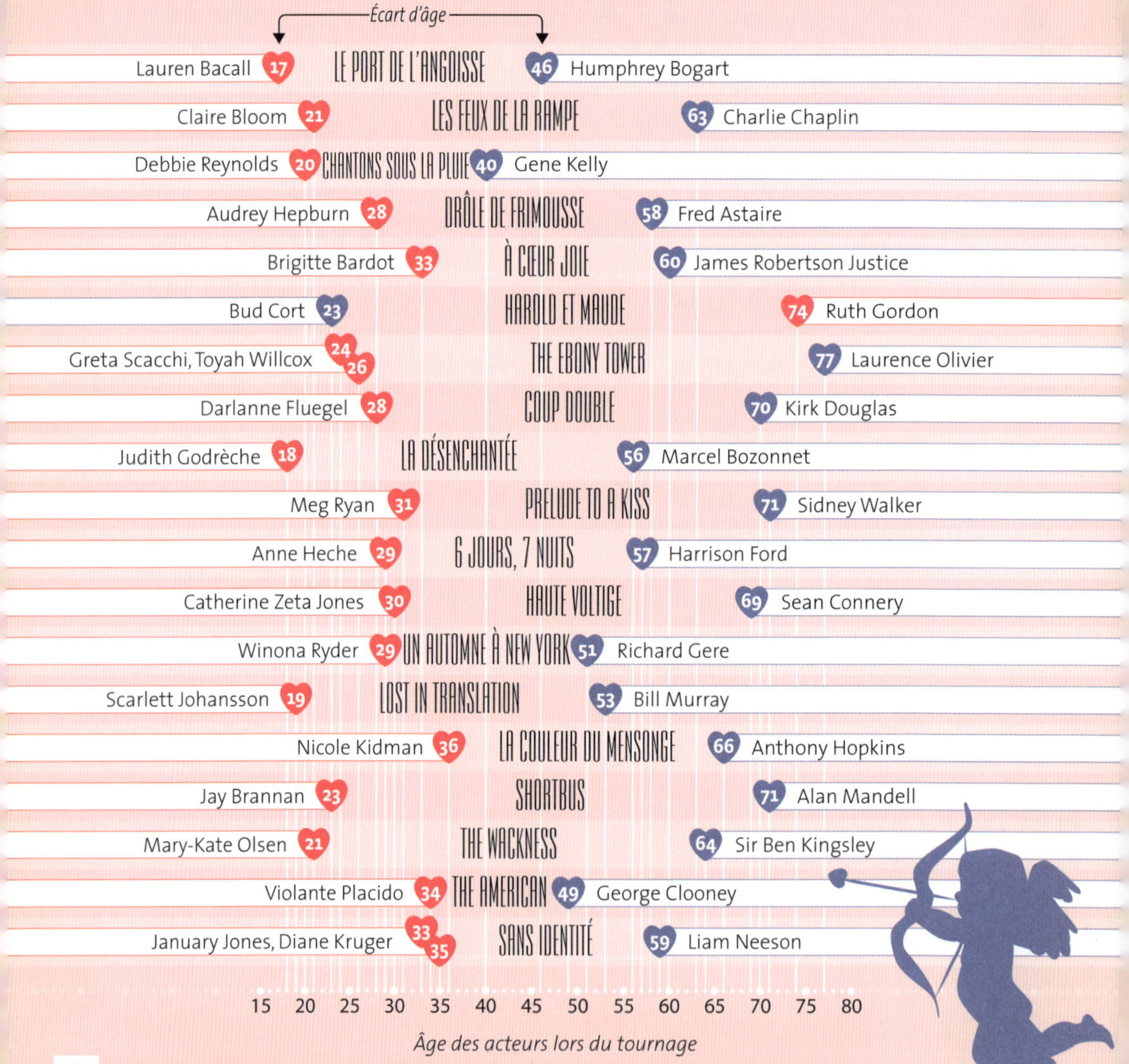

LÉGENDES URBAINES AU CINÉMA

Les légendes urbaines existaient déjà quand le cinéma n'était encore que des ombres dansantes sur le mur d'une grotte. Ces mythes ont traversé les âges et ont inspiré des films majeurs (et mineurs).

Bloody Mary – un esprit apparaît lorsqu'on invoque son nom devant un miroir
Beetlejuice, Candyman, Bloody Mary, The Legend of Bloody Mary, Paranormal Activity 3

Les extraterrestres nous ont laissé des « signes » sur Terre
Stargate (pyramides), Le cinquième élément (pyramides), Signes (agroglyphes), Alien vs Predator (pyramide)

Une créature nommée Bigfoot (immense primate couvert de poils bruns) parcourt les montagnes et les forêts d'Amérique du Nord
Bigfoot, The Legend of Boggy Creek, Rendez-vous avec la peur, Bigfoot et les Henderson, Monstres et Cie, Abominable, Strange Wilderness

Des hommes en noir soi-disant chargés par le gouvernement d'enquêter sur des observations d'OVNI sont en réalité des extra-terrestres
L'invasion des profanateurs, Men in Black I, II & III, Matrix, Matrix Revolutions, Matrix Reloaded

L'homme au crochet (un fou furieux échappé de l'asile avec un crochet à la place de sa main droite) terrorise un jeune couple en voiture
Souviens-toi... l'été dernier 1 & 2, Lovers Lane, I'll Always Know What You Did Last Summer

Une jeune baby-sitter reçoit d'inquiétants coups de téléphone. Les appels viennent de la maison... Le tueur est à l'étage...
Fright, Black Christmas, Halloween, Terreur sur la ligne, When a Stranger Calls Back, Scream, The House of The Devil

10 FILMS CULTES DES ANNÉES **1970**

Découvrez le film des années 1970 qui se cache derrière chaque image à l'aide de la première lettre d'un mot clé de son titre.

Solutions p. 160

IDÉAL **FÉMININ**

D'après un panel de critiques (femmes), l'actrice idéale pour un premier rôle aurait :

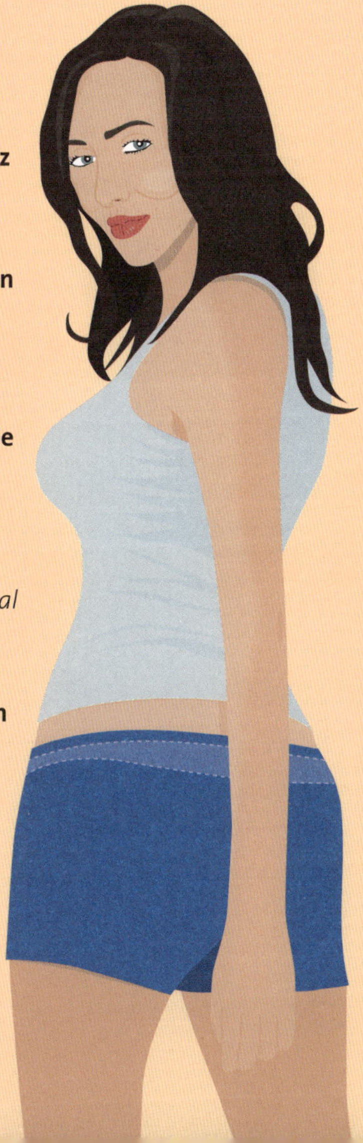

Les yeux de Cameron Diaz
Mary à tout prix (1998)
370 M$*

Le nez de Natalie Portman
Star Wars – Épisode I : la menace fantôme (1999)
1,03 Md$

La bouche d'Angelina Jolie
Mr & Mrs Smith (2005)
478 M$

Le cou d'Halle Berry
X-Men, l'affrontement final (2006)
459 M$

Les bras de Milla Jovovich
Le cinquième élément (1997)
264 M$

La taille de Keira Knightley
Pirates des Caraïbes, le secret du coffre maudit (2006)
1,07 Md$

La tête de Geena Davis (et l'intelligence de Susan Sarandon)
Thelma & Louise (1991)
100 M$

Les cheveux de Megan Fox
Transformers, la revanche (2009)
836 M$

Les pommettes de Cate Blanchett
Le seigneur des anneaux, le retour du roi (2003)
1,12 Md$

Le menton d'Anne Hathaway
The Dark Knight Rises (2012)
1,1 Md$

La poitrine de Scarlett Johansson
Avengers (2012)
1,5 Md$

Les fesses de Kate Beckinsale
Pearl Harbor (2001)
449 M$

Les jambes d'Olivia Wilde
Tron, l'héritage (2010)
400 M$

* Recettes du film

Source : Box Office Mojo

LES ACTEURS STARS DU **BOX-OFFICE**

Tom Hanks, Eddy Murphy, Harrison Ford, Samuel L. Jackson, Morgan Freeman et Tom Cruise sont tous nommés dans la catégorie « acteur bankable ». Mais avez-vous seulement une idée de leur plus gros succès respectif et des recettes colossales de leurs différents films ?

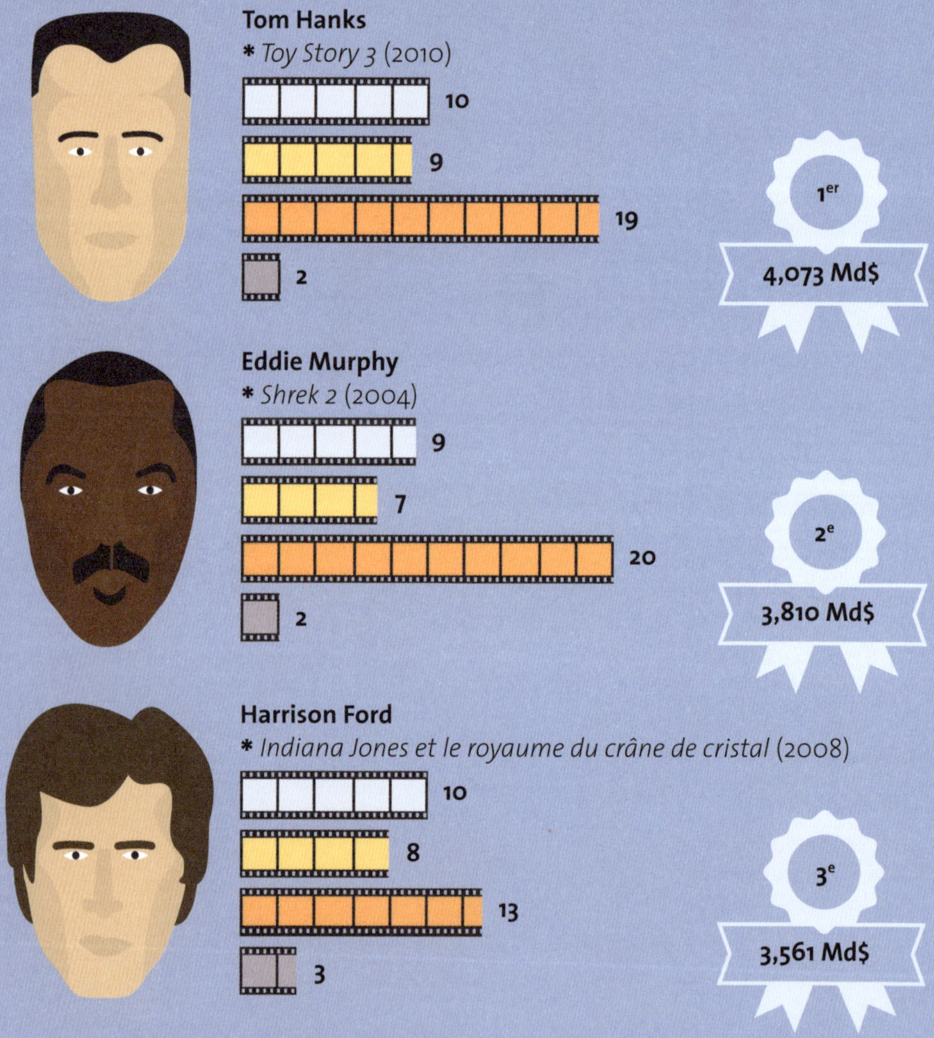

CLÉ

Recettes entre **0-33 M$**

Recettes entre **67-299 M$**

Recettes entre **34-66 M$**

Blockbusters **(> 300 M$)**

* Le plus gros succès de chaque acteur

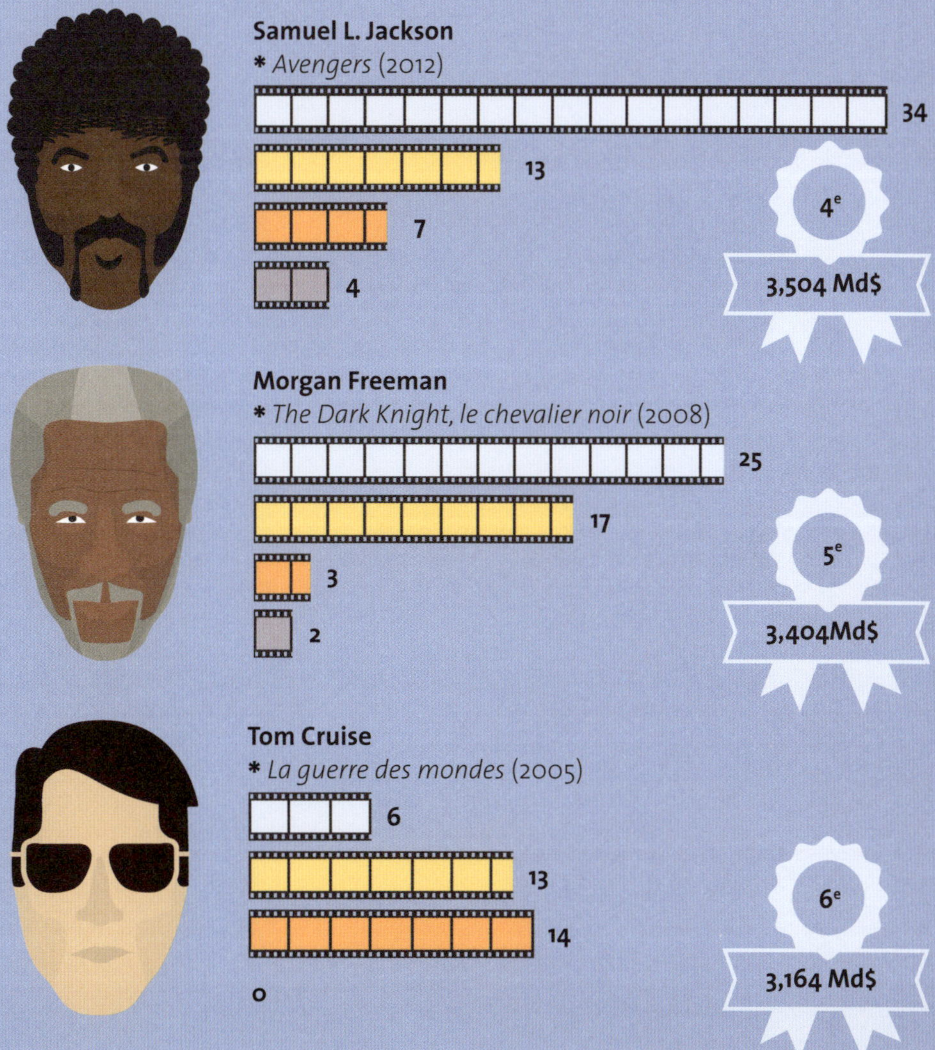

Sources : Box Office Mojo – IMDb (http://imdb.com)

FRENCH CONNECTIONS

Le cinéma français est sans conteste l'une des plus grandes sources d'inspiration pour les cinéastes américains. Voici 15 célèbres films français et leur remake américain.

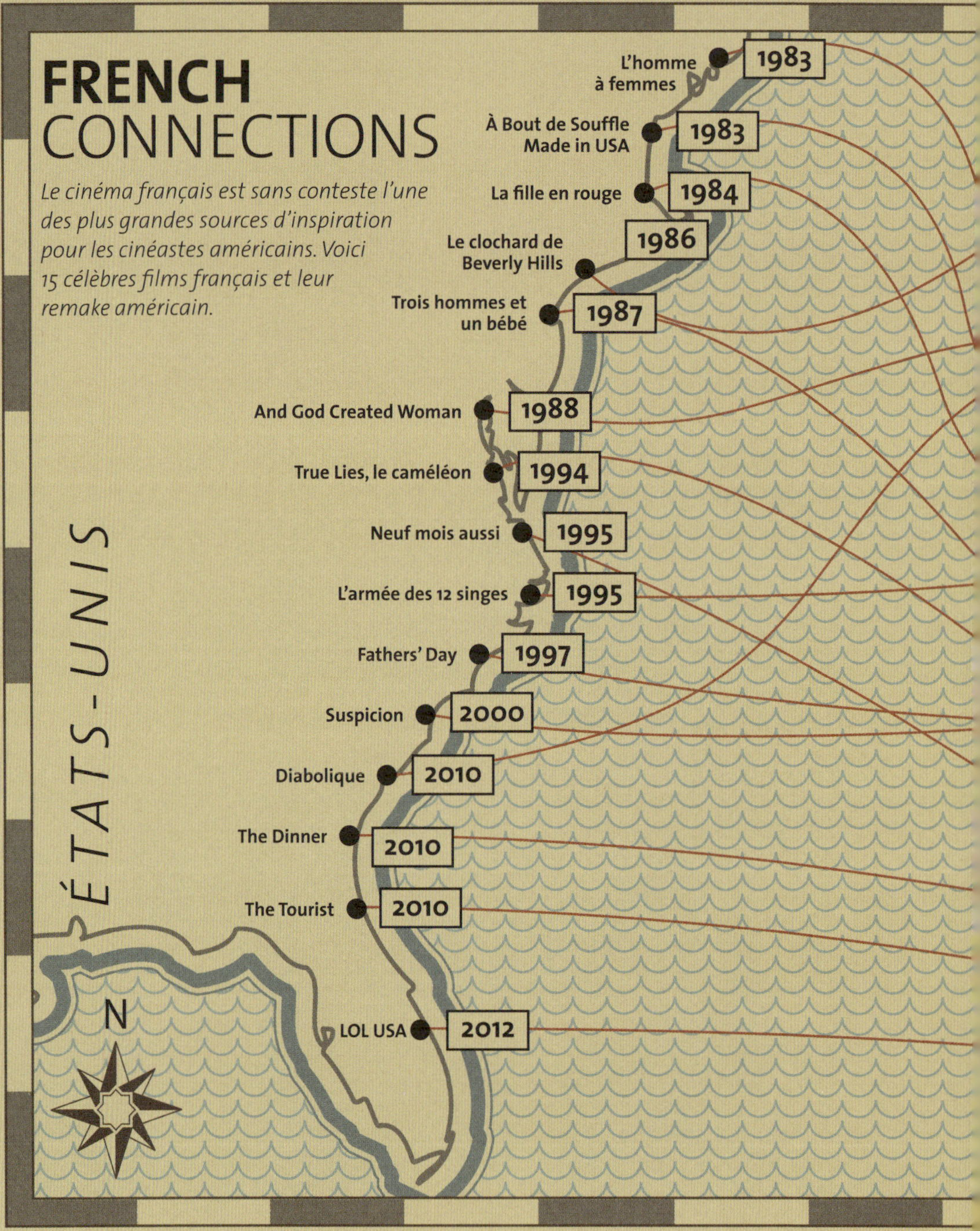

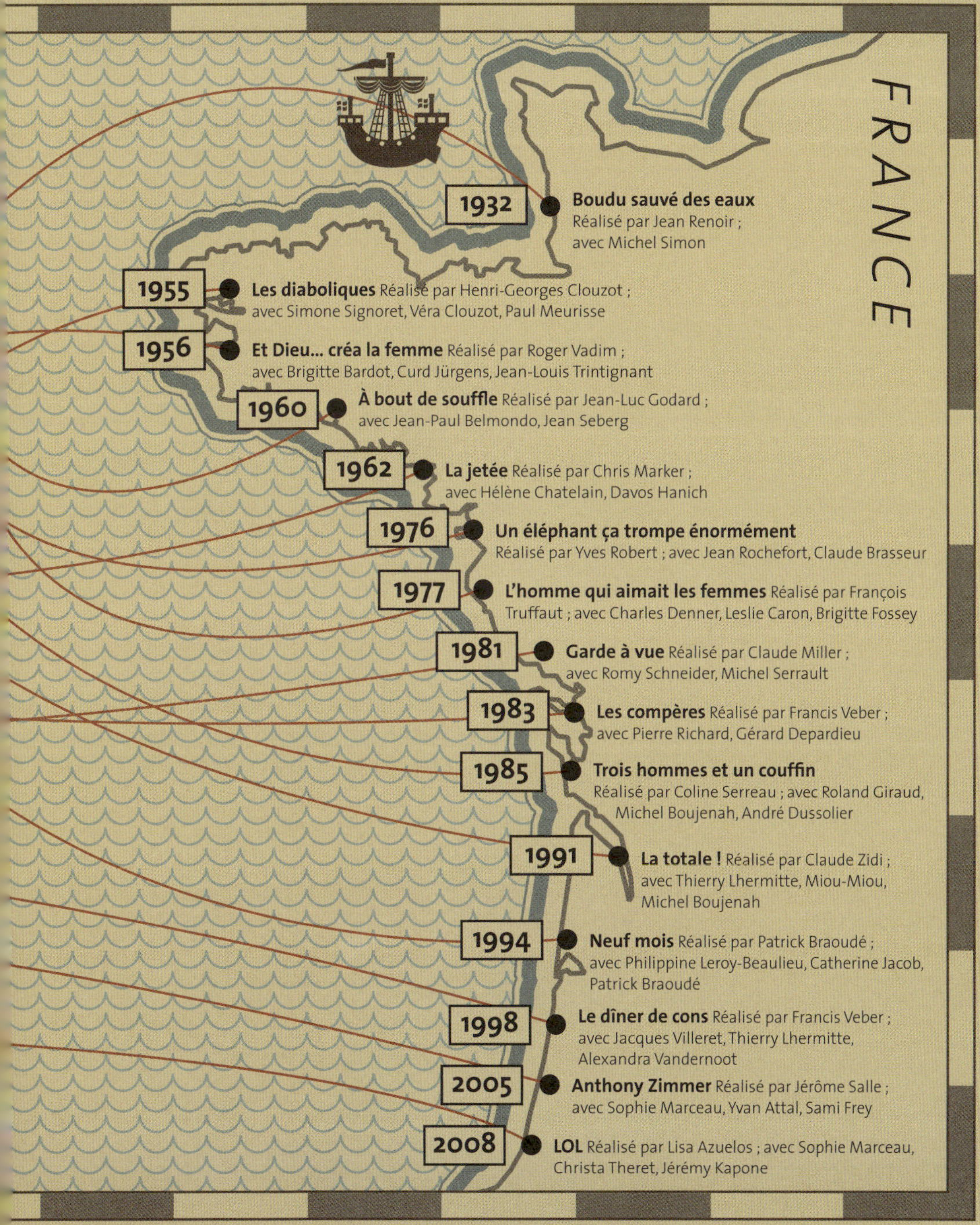
FRANCE
1932
Boudu sauvé des eaux Réalisé par Jean Renoir ; avec Michel Simon
1955
Les diaboliques Réalisé par Henri-Georges Clouzot ; avec Simone Signoret, Véra Clouzot, Paul Meurisse
1956
Et Dieu... créa la femme Réalisé par Roger Vadim ; avec Brigitte Bardot, Curd Jürgens, Jean-Louis Trintignant
1960
À bout de souffle Réalisé par Jean-Luc Godard ; avec Jean-Paul Belmondo, Jean Seberg
1962
La jetée Réalisé par Chris Marker ; avec Hélène Chatelain, Davos Hanich
1976
Un éléphant ça trompe énormément Réalisé par Yves Robert ; avec Jean Rochefort, Claude Brasseur
1977
L'homme qui aimait les femmes Réalisé par François Truffaut ; avec Charles Denner, Leslie Caron, Brigitte Fossey
1981
Garde à vue Réalisé par Claude Miller ; avec Romy Schneider, Michel Serrault
1983
Les compères Réalisé par Francis Veber ; avec Pierre Richard, Gérard Depardieu
1985
Trois hommes et un couffin Réalisé par Coline Serreau ; avec Roland Giraud, Michel Boujenah, André Dussolier
1991
La totale ! Réalisé par Claude Zidi ; avec Thierry Lhermitte, Miou-Miou, Michel Boujenah
1994
Neuf mois Réalisé par Patrick Braoudé ; avec Philippine Leroy-Beaulieu, Catherine Jacob, Patrick Braoudé
1998
Le dîner de cons Réalisé par Francis Veber ; avec Jacques Villeret, Thierry Lhermitte, Alexandra Vandernoot
2005
Anthony Zimmer Réalisé par Jérôme Salle ; avec Sophie Marceau, Yvan Attal, Sami Frey
2008
LOL Réalisé par Lisa Azuelos ; avec Sophie Marceau, Christa Theret, Jérémy Kapone

LE ROI DU **KUNG-FU**

Qui est le roi du kung-fu ? Jackie Chan (né à Hong Kong le 7 avril 1954) ou Jet Li (né à Pékin le 26 avril 1963) ? Sur le seul critère de leur réussite au box-office, Jet Li l'emporte sur Jackie Chan : il est celui dont les trois plus gros succès ont engrangé le plus de recettes à travers le monde.

Le maître d'armes (2006)
Recettes mondiales
68 072 848 $

3 plus gros succès au box-office
L'arme fatale 4 (1998)
Expendables : unité spéciale (2010)
La momie, la tombe de l'empereur dragon (2008)
Total des recettes mondiales
961 043 636 $

JET LI

Expendables : unité spéciale 1 & 2
(2010, 2012)
Recettes mondiales
574 898 586 $

Hero (2002)
Recettes mondiales
177 394 432 $

ENSEMBLE
Jackie Chan et Jet Li

HANTÉ PAR LE MAÎTRE : BRUCE LEE

Le montant précis des recettes générées par les trois plus grands succès de Bruce Lee, la légende du kung-fu (né à San Francisco le 27 novembre 1940 et mort à Hong Kong le 20 juillet 1973), n'est malheureusement pas disponible. D'après une estimation (via imdb.com), il avoisinerait les 320 000 000 $.

JACKIE CHAN

Shanghaï kid 2
(2003)
Recettes mondiales
88 323 487 $

Contre-attaque
(1997)
Recettes mondiales
21 890 845 $

3 plus gros succès au box-office
Rush Hour 2 (2001)
Karaté kid (2010)
Rush Hour (1998)
Total des recettes mondiales
950 838 688 $

Le royaume interdit (2008)
Recettes mondiales **127 980 002 $**

Rush Hour
1, 2 & 3
(1998, 2001, 2007)
Recettes mondiales
507 477 118 $

1 ***La fureur de vaincre*** (1972) Recettes mondiales estimées **100 000 000 $**

2 ***Opération dragon*** (1973) Recettes mondiales estimées **90 000 000 $**

3 ***La fureur du dragon*** (1972) Recettes mondiales estimées **130 000 $**

Source : Box Office Mojo

DANS LA **MATRICE**

Retracez le parcours de Neo dans le premier volet de la trilogie Matrix, *dans la matrice, le monde réel ou Sion, à travers 20 scènes clés du film.*

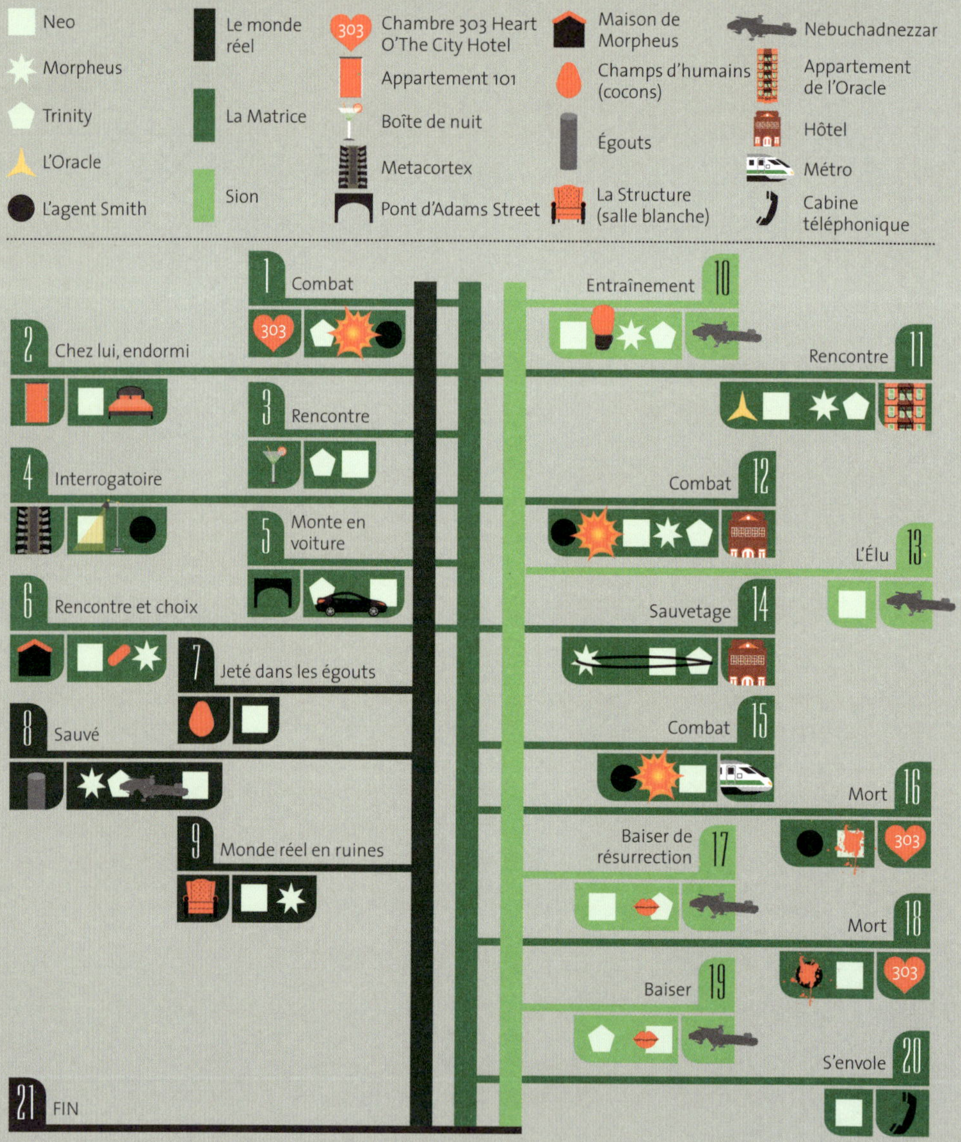

ET AUJOURD'HUI, JE SUIS... **ACTEUR !**

Les acteurs et actrices hollywoodiens n'ont pas toujours été des stars. Voici l'ancien métier de 9 stars et le salaire qu'elles auraient aujourd'hui si elles n'étaient pas devenues des étoiles du cinéma.

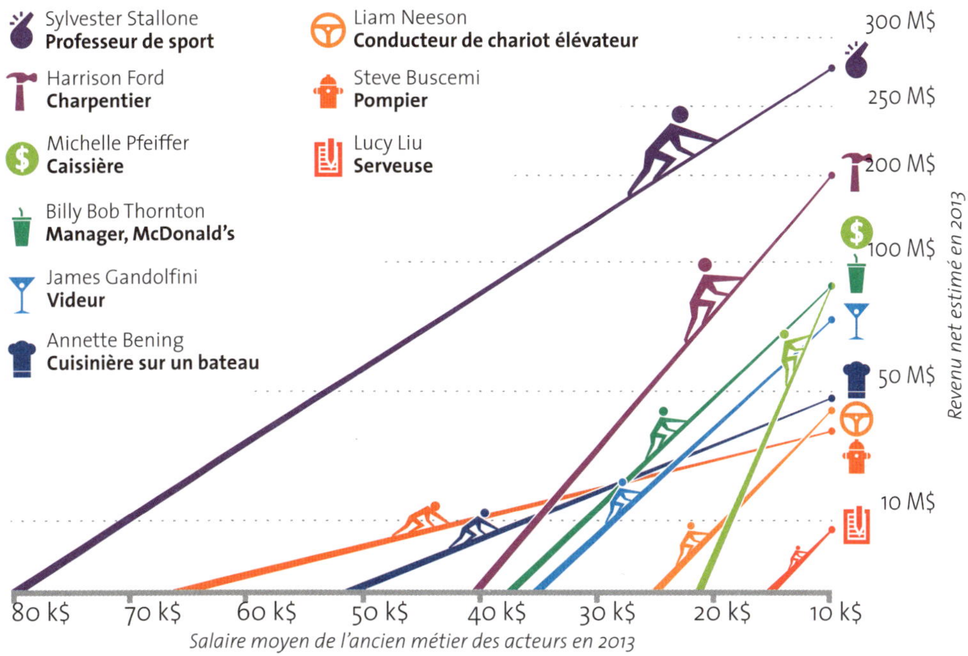

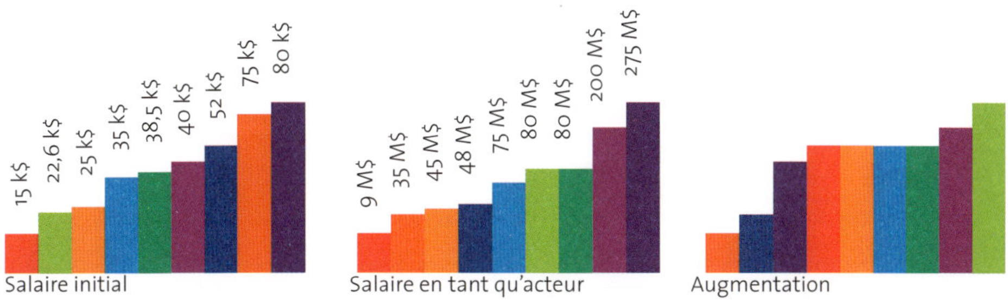

Sources : Celebritynetworth.com – NYC.gov – wikianswers.com

SILENCE, **ON TOURNE** (EN EUROPE)

Depuis le début des années 2000, Paris et d'autres capitales européennes sont devenues des lieux de tournage privilégiés pour les cinéastes. Chacune de ces villes est associée à un genre particulier (comédie, action, fantastique...), comme le montrent ces exemples célèbres.

MOSCOU
VILLE DES TÉNÈBRES
RESIDENT EVIL: RETRIBUTION (2012)
THE RYAN INITIATIVE (2014)
HITMAN (2007)
THE DARKEST HOUR (2011, 3D)
COMMANDO D'ÉLITE (2009)
PRAGUE
VILLE DU FANTASTIQUE
OF LIGHT AND DARKNESS (2015)
SHANGHAÏ KID 2 (2003)
LES FRÈRES GRIMM (2005)
LE MONDE DE NARNIA – CHAPITRE 2 : LE PRINCE CASPIAN (2008)
VAN HELSING (2004)
OLIVER TWIST (2005)
BUCAREST
VILLE DE L'HORREUR
ANACONDA 4, SUR LA PISTE DU SANG (2009)
SAINT ANGE (2004)
MIRRORS (2008)
LE FILS DE CHUCKY (2004)
DEVIL INSIDE (2012)

LES SIX DEGRÉS DE **KEVIN BACON**

Il est possible, en six films seulement, de relier Kevin Bacon à Abraham Lincoln, la reine Elisabeth II, Albert Einstein, Marshall McLuhan, Ingmar Bergman et un chien nommé Moose. Et ça ne s'arrête pas là…

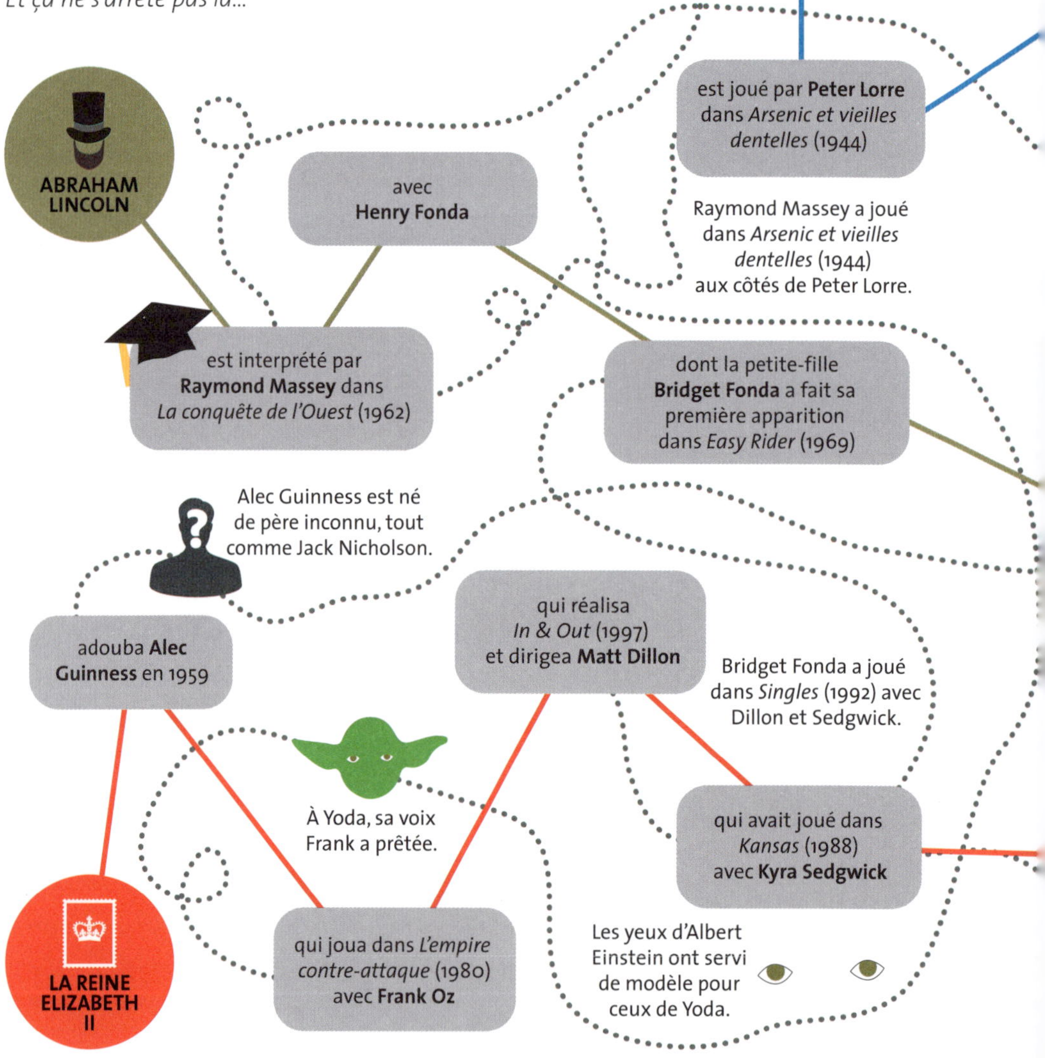

ce dernier était dans plusieurs films avec **Humphrey Bogart**

ce professeur de communication canadien fit une courte apparition dans *Annie Hall* (1977), écrit, réalisé et joué par

MARSHALL MCLUHAN

Woody Allen parle au fantôme d'Humphrey Bogart dans *Tombe les filles et tais-toi !* (1972).

qui a été marié à **Lauren Bacall**

Marshall McLuhan était professeur à l'université de Toronto ; Raymond Massey a fait ses études là-bas.

Woody Allen, dont le film *Woody et les robots* (1973) avait pour créateur de costumes

qui a joué dans *Pret-à-Porter* (1994) avec **Julia Roberts**

Julia Roberts était dans *Tout le monde dit I love you* (1996) avec Woody Allen.

Joel Schumacher qui réalisa *L'expérience interdite* (1990) avec

KEVIN BACON

qui a joué dans *L'expérience interdite* (1990) avec

avec **Jack Nicholson**, qui joua dans *Des hommes d'honneur* (1992) avec

qui était à l'affiche de *Mon chien Skip* (2000) avec un chien nommé **Moose** et

qui joua dans *Judge Dredd* (1995) aux côtés de **Diane Lane**

Ingmar Bergman était le réalisateur préféré de Woody Allen.

qui épousa la même année un cousin éloigné au dixième degré du nom de

Max von Sydow a joué dans *Hannah et ses sœurs* (1986) de Woody Allen.

INGMAR BERGMAN

Matt Dillon a joué dans *Rusty James* (1983) avec Diane Lane.

écrivit et réalisa *Le septième sceau* (1957) dans lequel jouait **Max von Sydow**

INCEPTION : RÊVE OU RÉALITÉ ?

Embarquez à bord du vol Sydney-Los Angeles et plongez dans les limbes en suivant les aventures des protagonistes d'Inception à travers les quatre niveaux de rêve du film. Chaque ligne représente le parcours d'un personnage dans les différentes strates.

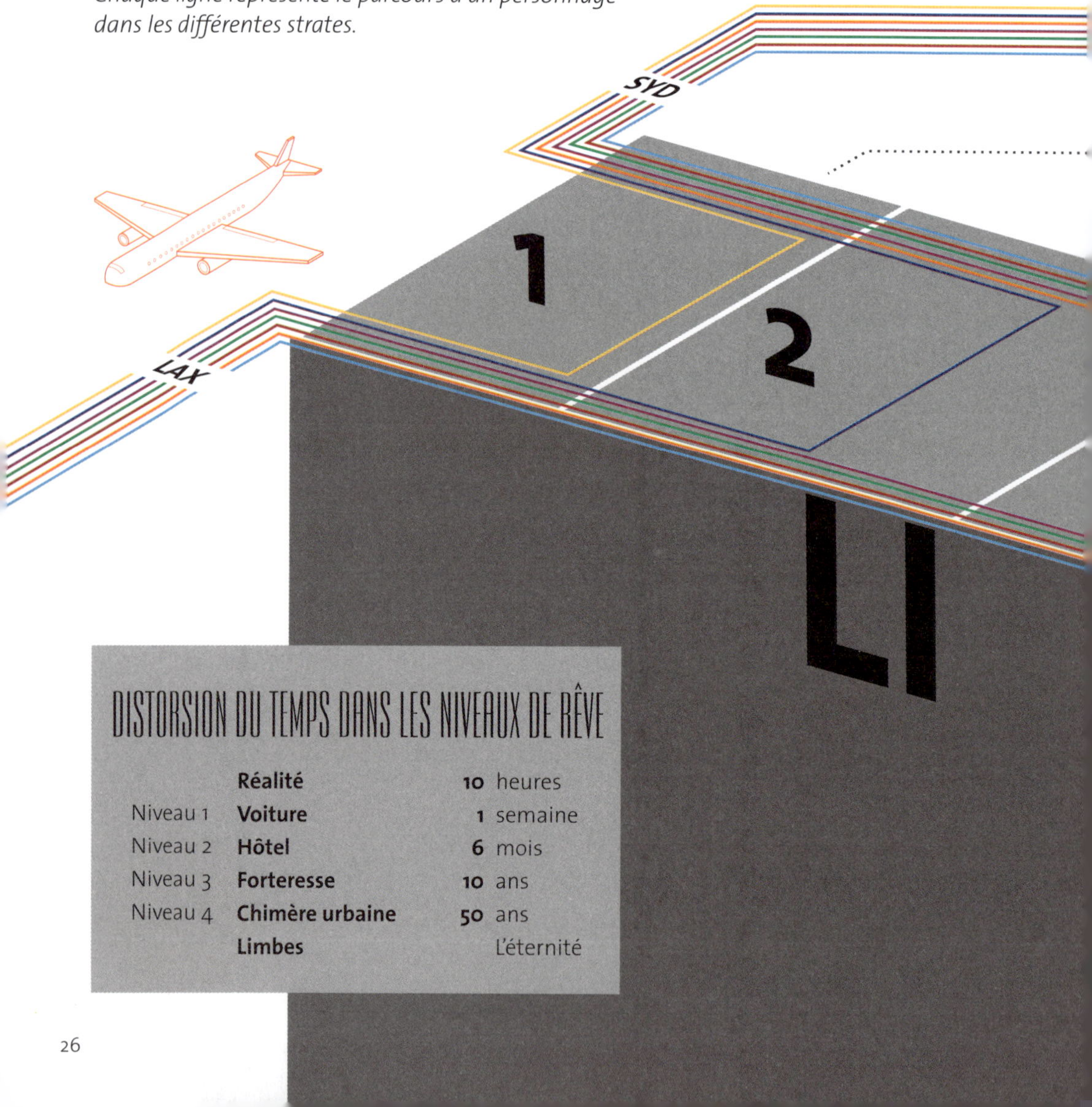

DISTORSION DU TEMPS DANS LES NIVEAUX DE RÊVE

	Réalité	**10** heures
Niveau 1	**Voiture**	**1** semaine
Niveau 2	**Hôtel**	**6** mois
Niveau 3	**Forteresse**	**10** ans
Niveau 4	**Chimère urbaine**	**50** ans
	Limbes	L'éternité

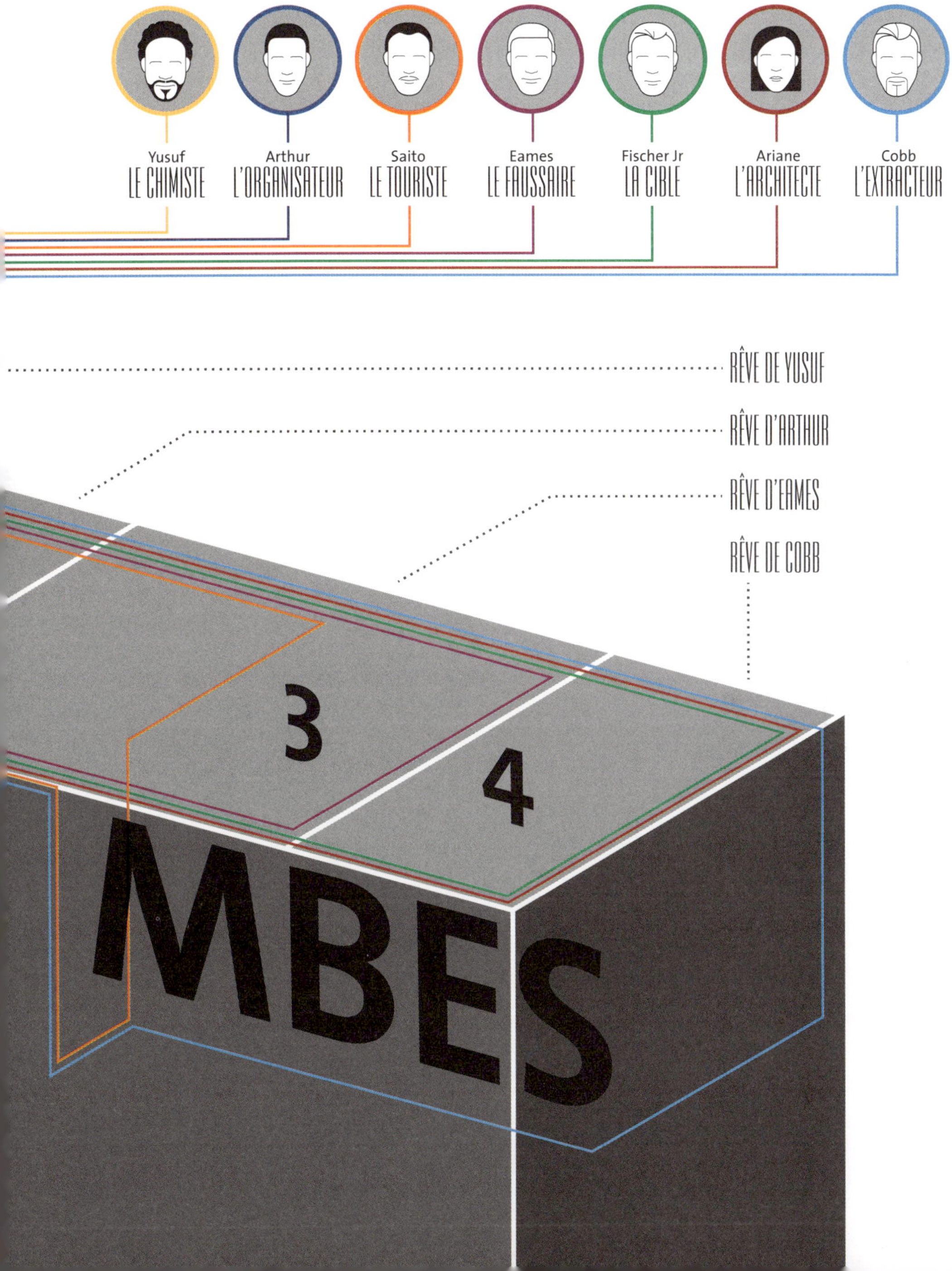
Yusuf
LE CHIMISTE
Arthur
L'ORGANISATEUR
Saito
LE TOURISTE
Eames
LE FAUSSAIRE
Fischer Jr
LA CIBLE
Ariane
L'ARCHITECTE
Cobb
L'EXTRACTEUR
RÊVE DE YUSUF
RÊVE D'ARTHUR
RÊVE D'EAMES
RÊVE DE COBB
3
4
MBES

LA **DERNIÈRE** SÉANCE

Ces acteurs célèbres sont tous morts très jeunes. Découvrez pour chacun d'eux la cause de leur mort, ainsi que les recettes de leur dernier film.

Heath
LEDGER
04/04/79 – 22/01/08
(28 ans)

L'imaginarium du Docteur Parnassus
Décembre 2009
61,8 M$

AALIYAH
16/01/79 – 25/08/01
(22 ans)

La reine des damnés
Février 2002
45,5 M$

JAMES DEAN
08/02/31 – 30/09/55
(24 ans)

Géant
Octobre 1956
35 M$

Marilyn
MONROE
01/06/26 – 05/08/62
(36 ans)

Les désaxés
Janvier 1961
8,2 M$

Chris
FARLEY
15/02/64 – 18/12/97
(33 ans)

Almost Heroes
Mai 1998
6,137 M$

Carole
LOMBARD
06/10/08 – 16/01/42
(33 ans)

Jeux dangereux
Mars 1942
2,1 M$

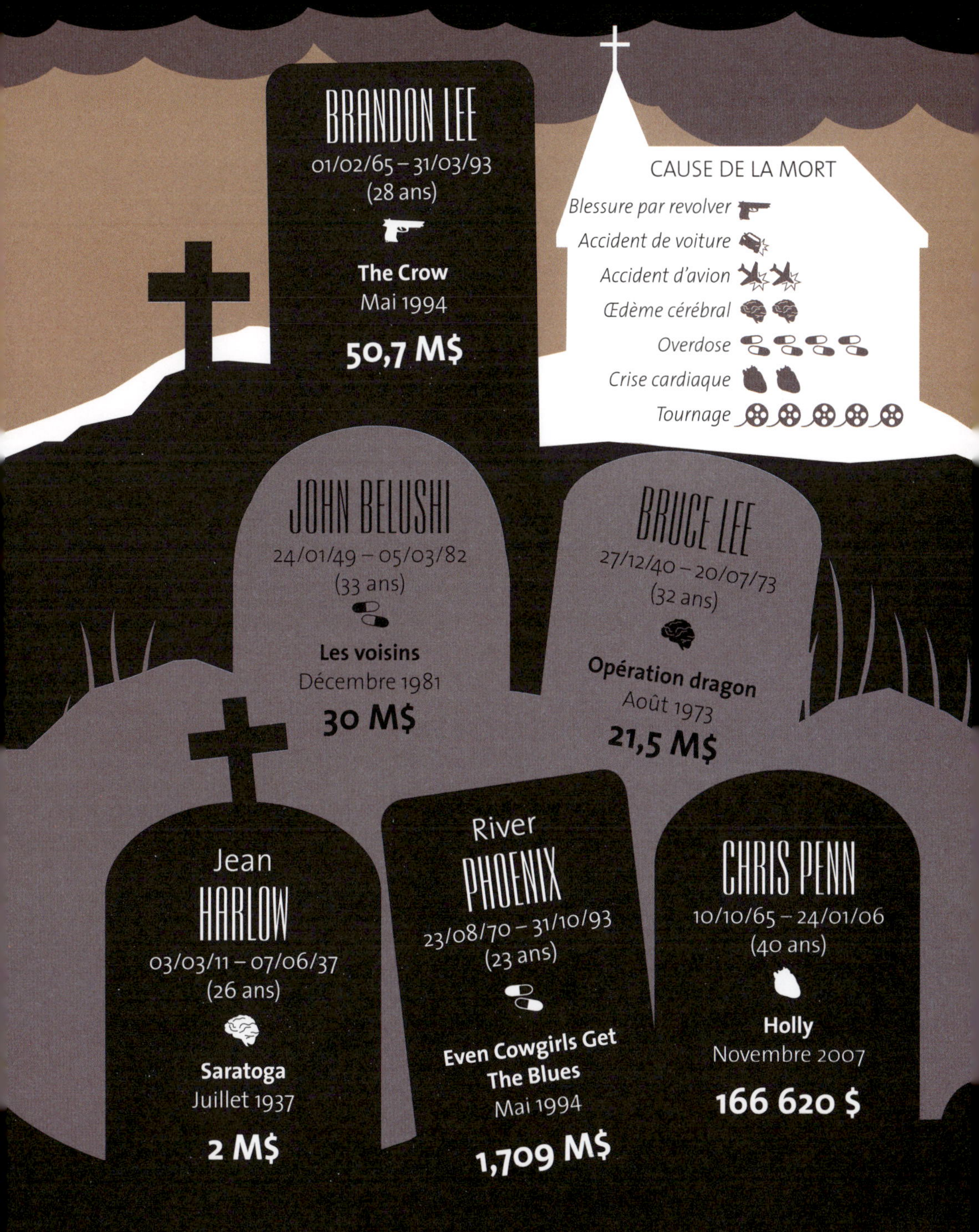

Sources : Box Office Mojo – IMDb (http://www.imdb.com)

ALIAS **ALAN SMITHEE**

Lorsque le réalisateur d'un film ne souhaite pas que son nom soit crédité, il est d'usage qu'il prenne le pseudonyme d'Alan Smithee. Découvrez ici quelques-uns de ces films (à droite), dont certains reniés par deux voire trois réalisateurs différents, ainsi que les précédents films « assumés » de ces derniers (à gauche).

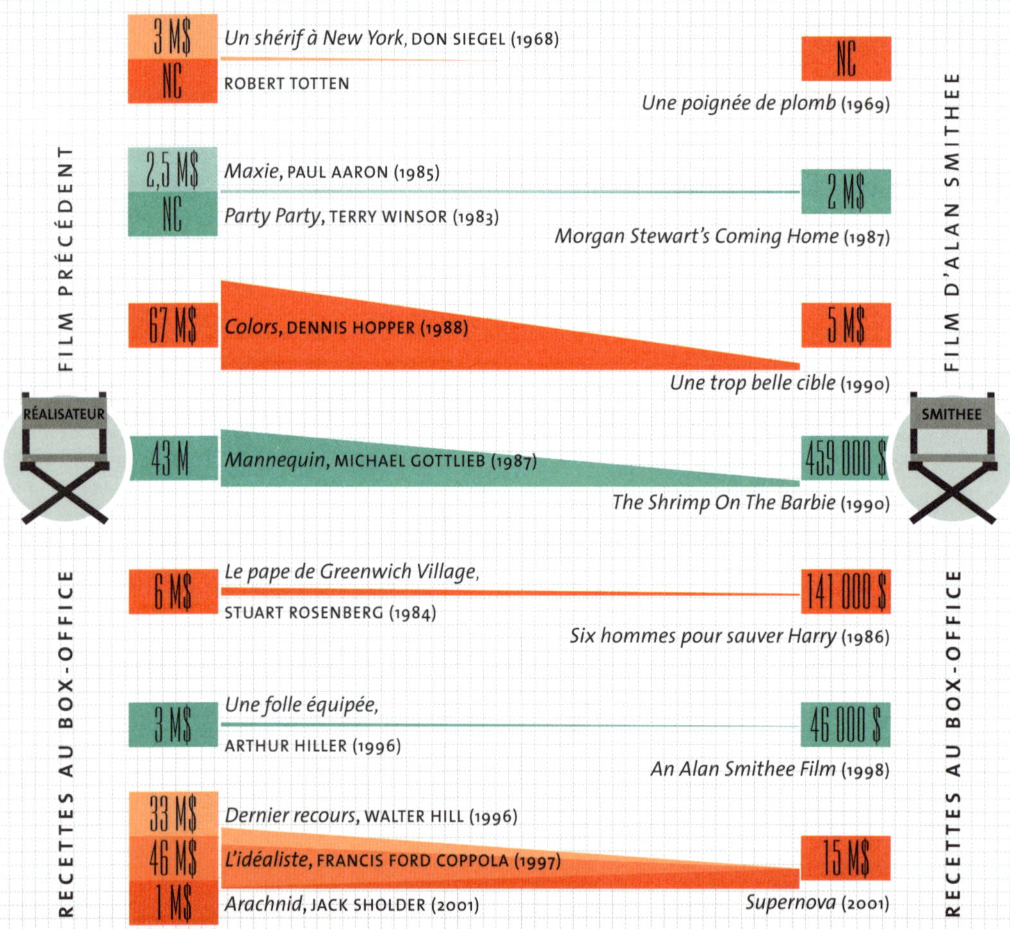

Sources : Box Office Mojo – IMDb (http://www.imdb.com)

QUI EST **RYAN GOSLING ?**

Début 2013, Ryan Gosling (né le 21/11/80) a annoncé vouloir faire une pause dans sa carrière pour prendre un peu de recul et réfléchir à son métier d'acteur. Voici la liste de ses dix plus grands succès et une description de son rôle dans chacun.

ACTION
COMÉDIE
POLICIER
DRAME
COMÉDIE DRAMATIQUE
THRILLER

1 Un dragueur professionnel dans *Crazy, Stupid, Love* (2011) **143 M$**

2 Un amoureux transi dans *N'oublie jamais* (2004) **116 M$**

3 Un policier alcoolique, vétéran de la Seconde Guerre mondiale, dans *Gangster squad* (2013) **99 M$**

4 Un avocat ambitieux et impitoyable dans *La faille* (2007) **91 M$**

5 Un jeune homme solitaire qui conduit le jour en tant que cascadeur et la nuit pour des truands dans *Drive* (2011) **76 M$**

6 Un conseiller de campagne politique idéaliste dans *Les marches du pouvoir* (2011) **76 M$**

7 Un lycéen meurtrier dans *Calculs meutriers* (2002) **56,7 M$**

8 Un peintre ouvrier amoureux de sa femme dans *Blue Valentine* (2010) **12 M$**

9 Un introverti amoureux d'une poupée gonflable dans *Une fiancée pas comme les autres* (2007) **11 M$**

10 Un patient en psychiatrie dans *Stay* (2005) **8,3 M$**

Source : Box Office Mojo

FAITES SAUTER LA **BANQUE !**

Explosions, voitures ou bâtiments détruits... Les budgets des films d'action sont souvent très élevés. Voici cinq succès explosifs associés à leur tête d'affiche, avec pour chacun le montant des recettes et celui, tout aussi explosif, du budget de production.

BRUCE WILLIS
Die hard 4, retour en enfer (2007)

Box-office : **383,5 M$** | *Budget :* **110 M$**

ARNOLD SCHWARZENEGGER
True lies, le caméléon (1994)

Box-office : **379 M$** | *Budget :* **115 M$**

ANGELINA JOLIE
Salt (2010)

Box-office : **293,5 M$** | *Budget :* **110 M$**

= coût
= explosions
= voitures
= véhicules blindés
= hélicoptères
= objets high-tech
= démolitions
3,7 M$
6 M$
1 M$
500 M$
345 k$
1,5 M$
1,5 M$
SYLVESTER STALLONE
Expendables : unité spéciale (2010)
Box-office : 274,5 M$
Budget : 80 M$
MEL GIBSON
L'arme fatale 2 (1989)
Box-office : 228 M$
Budget : 25 M$

10 FILMS CULTES DES ANNÉES **1980**

Découvrez le film des années 1980 qui se cache derrière chaque image à l'aide de la première lettre d'un mot clé de son titre.

Solutions p. 160

LES **AMANTS** DU SIÈCLE

Le couple idéal pour la plus grande comédie romantique de l'histoire du cinéma serait…

AVEC

Julia **ROBERTS** (60% / 40%)

Pretty Woman • Just married (ou presque) • Coup de foudre à Notting Hill RECETTES **449 M$**

Richard **GERE** (60% / 40%)

Pretty Woman • Just married (ou presque) RECETTES **331 M$**

ET

Jack **NICHOLSON** (35% / 65%)

Pour le pire et pour le meilleur • Tout peut arriver RECETTES **272,5 M$**

Helen **HUNT** (65% / 35%)

Ce que veulent les femmes • Pour le pire et pour le meilleur RECETTES **331 M$**

ET AVEC LA PARTICIPATION EXCEPTIONNELLE DE

Adam **SANDLER** (35% / 65%)

Les aventures de Mister Deeds • Amour & amnésie RECETTES **247 M$**

Nia **VARDALOS** (65% / 35%)

Mariage à la grecque RECETTES **241,1 M$**

10 MEILLEURES COMÉDIES ROMANTIQUES AU BOX-OFFICE

1	MARIAGE À LA GRECQUE	Recettes **241,4 M$**	John Corbett et Nia Vardalos	ROM 56%	44% COM
2	CE QUE VEULENT LES FEMMES	Recettes **182,8 M$**	Mel Gibson et Helen Hunt	ROM 41%	59% COM
3	HITCH	Recettes **179,5 M$**	Will Smith et Eva Mendes	ROM 33%	67% COM
4	PRETTY WOMAN	Recettes **178,4 M$**	Richard Gere et Julia Roberts	ROM 64%	36% COM
5	MARY À TOUT PRIX	Recettes **176,5 M$**	Ben Stiller et Cameron Diaz	ROM 35%	65% COM
6	LA PROPOSITION	Recettes **164 M$**	Sandra Bullock et Ryan Reynolds	ROM 51%	49% COM
7	SEX AND THE CITY	Recettes **152,6 M$**	Sarah Jessica Parker et Chris Noth	ROM 57%	43% COM
8	JUSTE MARRIED (OU PRESQUE)	Recettes **152,3 M$**	Richard Gere et Julia Roberts	ROM 61%	39% COM
9	EN CLOQUE MODE D'EMPLOI	Recettes **148,8 M$**	Seth Rogen et Katherine Heigl	ROM 22%	78% COM
10	POUR LE PIRE ET POUR LE MEILLEUR	Recettes **148,5 M$**	Jack Nicholson et Helen Hunt	ROM 50%	50% COM

ROM 47% — IDÉAL — 53% COM

Sources : Box Office Mojo – Karen Krizanovich

MON NOM EST **BOND**. JAMES **BOND**.

Depuis plus de 50 ans, le plus célèbre espion britannique sauve le monde à l'aide de gadgets toujours plus innovants, tout en séduisant de splendides créatures un verre de Martini à la main. Mais ce qui nous intéresse le plus : qui est le meilleur 007 ? Sean Connery ou Roger Moore ? Les chiffres ont parlé...

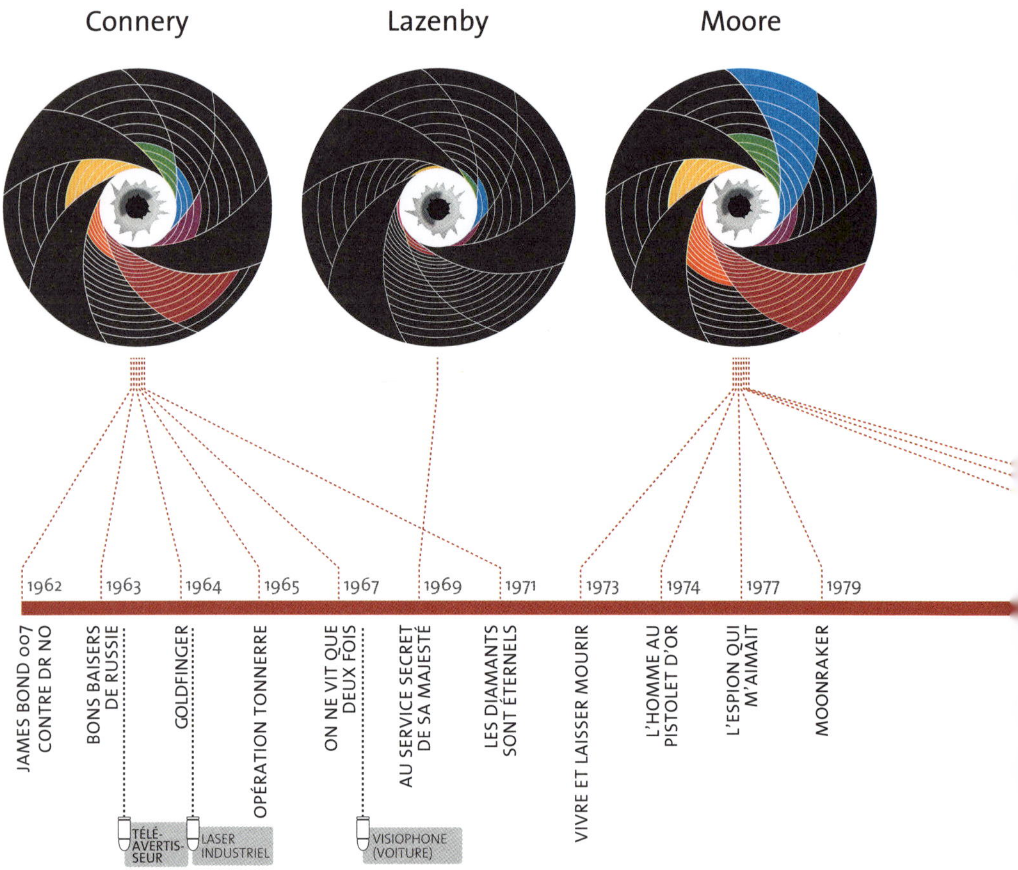

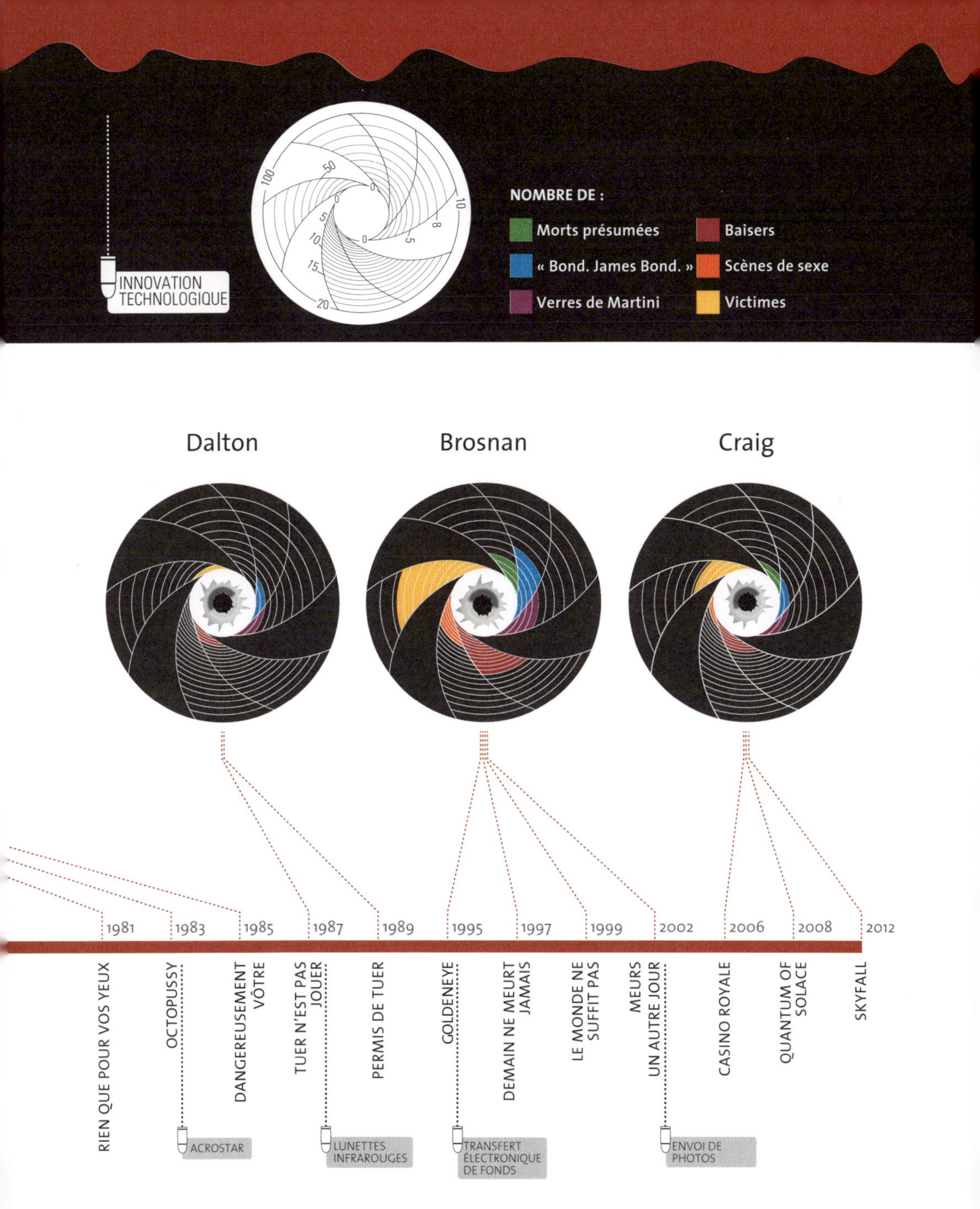
INNOVATION TECHNOLOGIQUE
100
50
10
8
5
0
5
10
15
20
NOMBRE DE :
Morts présumées
« Bond. James Bond. »
Verres de Martini
Baisers
Scènes de sexe
Victimes
Dalton
Brosnan
Craig
1981
1983
1985
1987
1989
1995
1997
1999
2002
2006
2008
2012
RIEN QUE POUR VOS YEUX
OCTOPUSSY
DANGEREUSEMENT VÔTRE
TUER N'EST PAS JOUER
PERMIS DE TUER
GOLDENEYE
DEMAIN NE MEURT JAMAIS
LE MONDE NE SUFFIT PAS
MEURS UN AUTRE JOUR
CASINO ROYALE
QUANTUM OF SOLACE
SKYFALL
ACROSTAR
LUNETTES INFRAROUGES
TRANSFERT ÉLECTRONIQUE DE FONDS
ENVOI DE PHOTOS

MERCI **BATMAN !**

Réaliser ou jouer dans un Batman permet souvent à un cinéaste ou à un acteur de gagner en popularité, les recettes générées par les aventures du justicier de Gotham dépassant (parfois de beaucoup) celles de leurs précédents films. Le contraire est

MICHAEL KEATON
+35 m$
Batman (1989), Batman Returns (1992)
CHRISTIAN BALE
+138 m$
Batman Begins (2005), The Dark Knight (2008), The Dark Knight Rises (2012)
GEORGE CLOONEY
+39 m$
Batman & Robin (1997)
VAL KILMER
-24 m$
Batman Forever (1995)
JOEL SCHUMACHER
-8 m$
Batman Forever (1995), Batman & Robin (1997)

LONDRES AU CINÉMA

Les séquences de ces six grands succès du milieu des années soixante nous font découvrir Londres. Mind the gap...

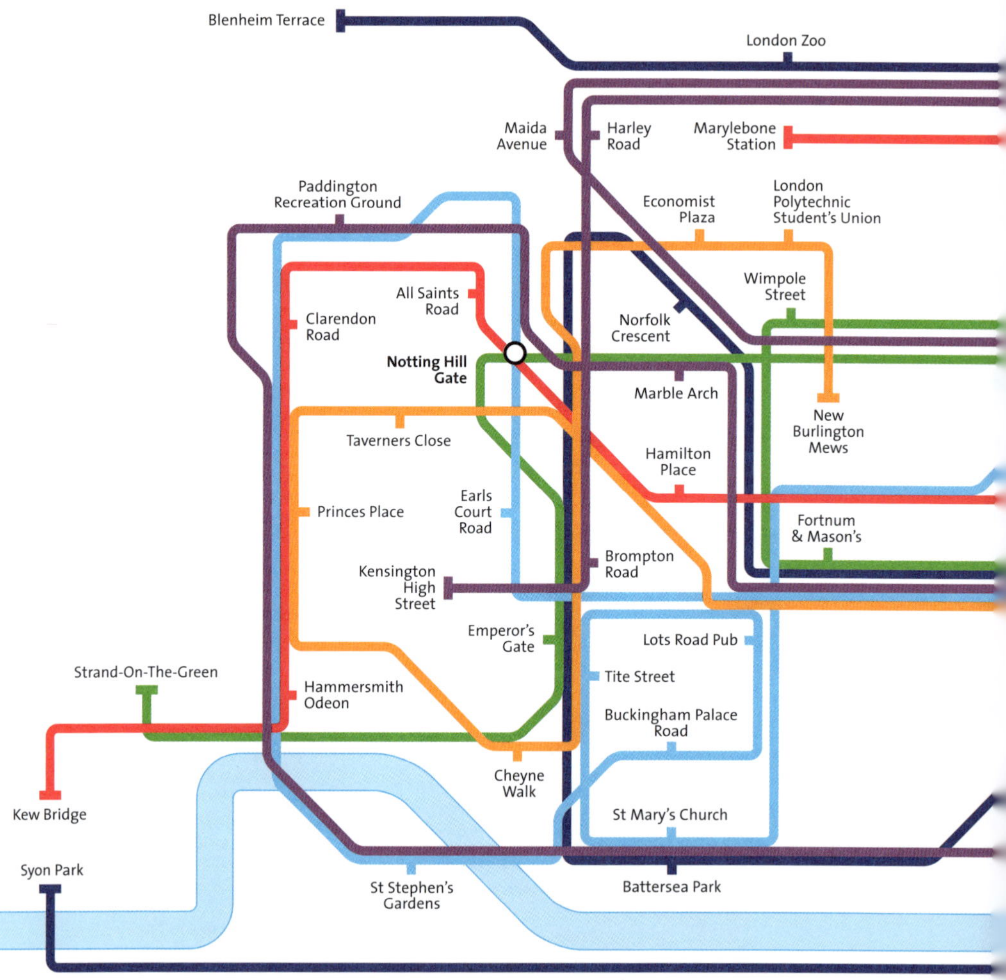

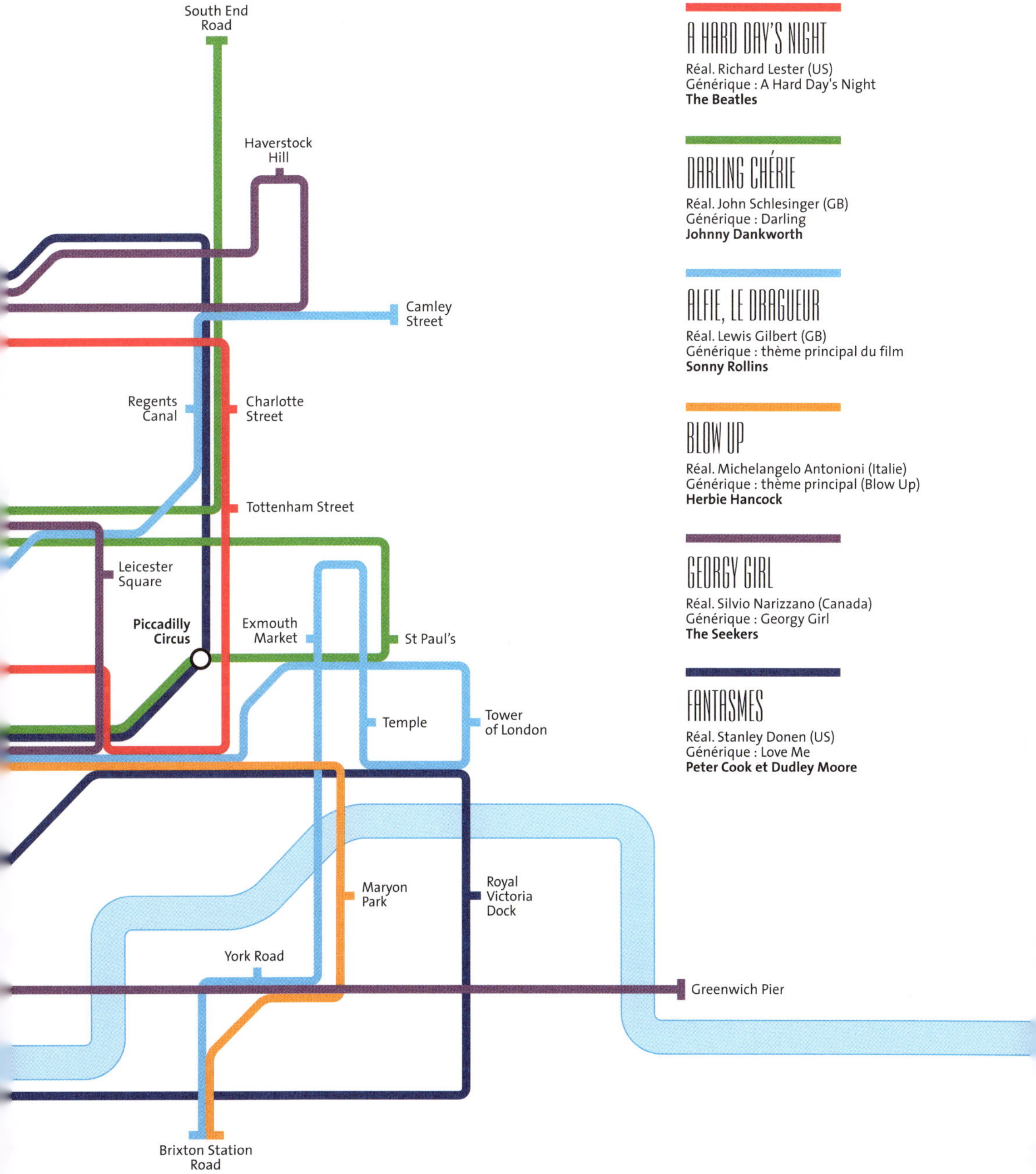

A HARD DAY'S NIGHT

Réal. Richard Lester (US)
Générique : A Hard Day's Night
The Beatles

DARLING CHÉRIE

Réal. John Schlesinger (GB)
Générique : Darling
Johnny Dankworth

ALFIE, LE DRAGUEUR

Réal. Lewis Gilbert (GB)
Générique : thème principal du film
Sonny Rollins

BLOW UP

Réal. Michelangelo Antonioni (Italie)
Générique : thème principal (Blow Up)
Herbie Hancock

GEORGY GIRL

Réal. Silvio Narizzano (Canada)
Générique : Georgy Girl
The Seekers

FANTASMES

Réal. Stanley Donen (US)
Générique : Love Me
Peter Cook et Dudley Moore

Sources : IMDb (http://www.imdb.com) – british-film-locations.com – movie-locations.com

1 ARRÊTE-MOI SI TU PEUX (2002)

Chevrolet Chevelle

1970	V8 1,4L	7440 cc	450 cv	0-100 km/h : 6 s	400 m DA : 13,7 s

2 60 SECONDES CHRONO (2000)

Ford Mustang

1968	V8 7L	7014 cc	400 cv	0-100 km/h : 5,5 s	400 m DA : 13,7 s

3 SANS PLUS ATTENDRE (2007)

Dodge Challenger

1974	V8 5,9L	5 883 cc	360 cv	0-100 km/h : 6,8 s	400 m DA : 15,2 s

4 SHÉRIF, FAIS-MOI PEUR (2005)

Dodge Charger

1974	V8 5,2L	5 211 cc	150 cv	0-100 km/h : 10,3 s	400 m DA : 17,9 s

5 KISS & KILL (2010)

Pontiac Firebird Trans Am

1979	V8 6,6L	6 555 cc	220 cv	0-100 km/h : 6,9 s	400 m DA : 15,8 s

6 THELMA & LOUISE (1991)

Ford Thunderbird

1967	V8 6,4L	6 391 cc	315 cv	0-100 km/h : 9,1 s	400 m DA : 16,6 s

COURSE-**POURSUITE**

Les voitures américaines sont présentes à l'écran depuis les débuts du cinéma (voir The Runaway Match, *1903), et pas seulement dans les scènes de course-poursuite. Voici les voitures qui ont été au cœur de l'intrigue de films cultes. Étonnamment, ce n'est pas celle la plus rapide et la plus puissante qui est apparue dans le plus gros succès au box-office.*

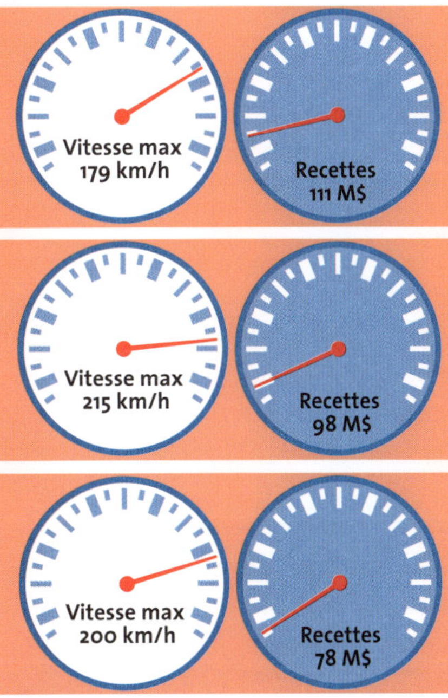

Source : Box Office Mojo

SYNOPSIS D'UN FILM

Créer un film à partir d'une idée originale peut prendre des années. Il faut donc être patient avant qu'un film cartonne au box-office et devienne parfois le sujet d'une suite.

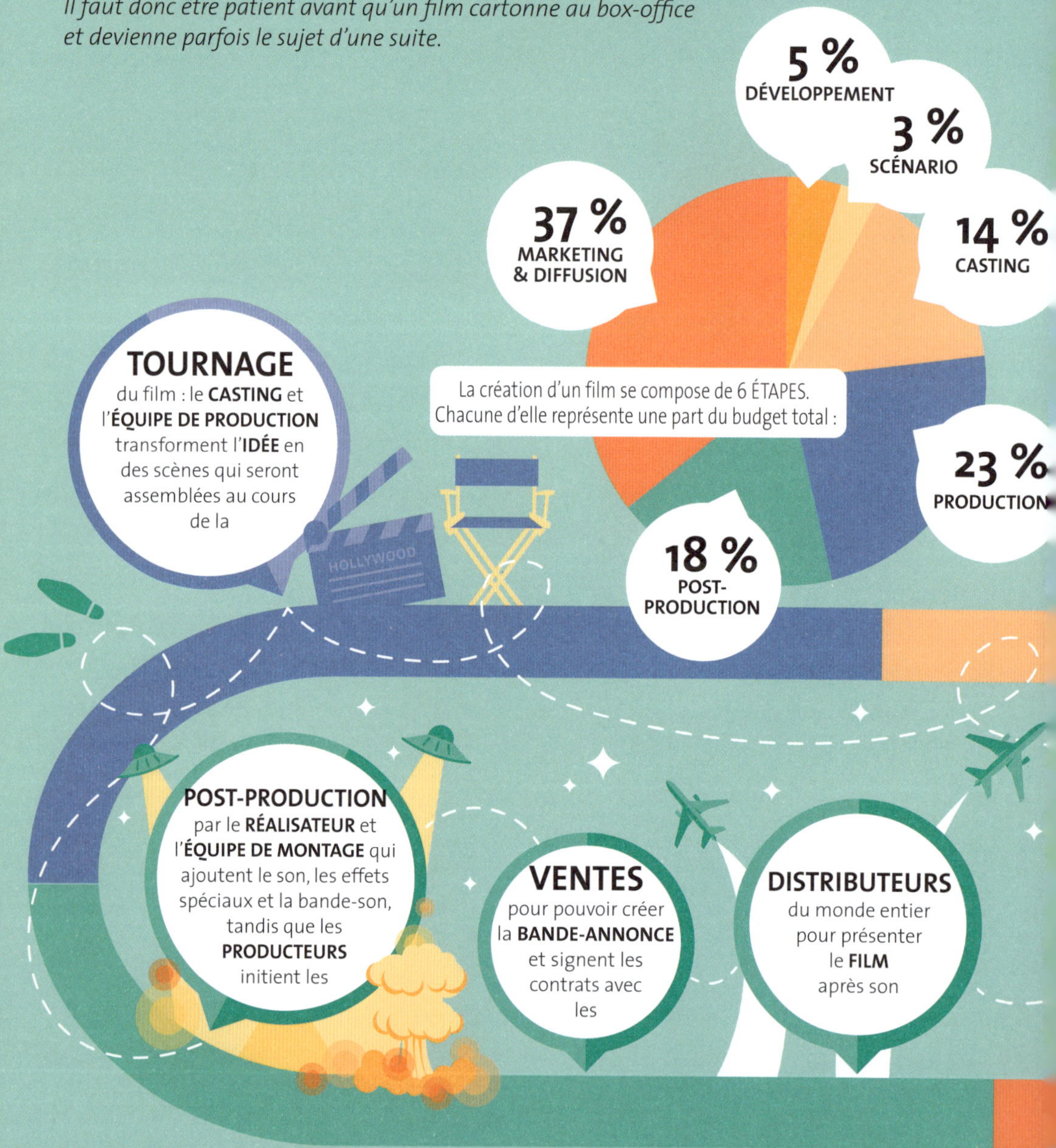

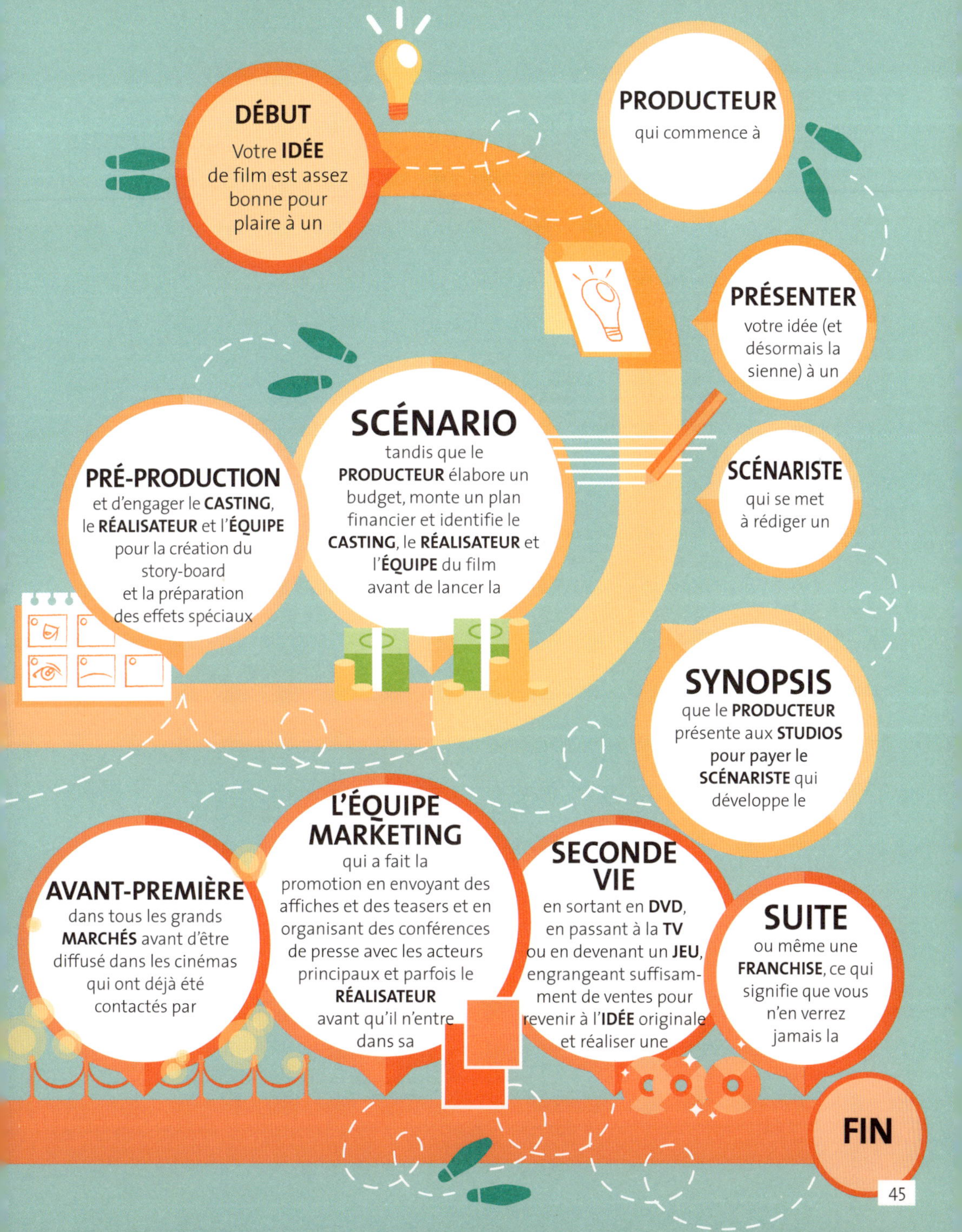
DÉBUT
Votre IDÉE de film est assez bonne pour plaire à un
PRODUCTEUR
qui commence à
PRÉSENTER
votre idée (et désormais la sienne) à un
SCÉNARISTE
qui se met à rédiger un
SYNOPSIS
que le PRODUCTEUR présente aux STUDIOS pour payer le SCÉNARISTE qui développe le
SCÉNARIO
tandis que le PRODUCTEUR élabore un budget, monte un plan financier et identifie le CASTING, le RÉALISATEUR et l'ÉQUIPE du film avant de lancer la
PRÉ-PRODUCTION
et d'engager le CASTING, le RÉALISATEUR et l'ÉQUIPE pour la création du story-board et la préparation des effets spéciaux
AVANT-PREMIÈRE
dans tous les grands MARCHÉS avant d'être diffusé dans les cinémas qui ont déjà été contactés par
L'ÉQUIPE MARKETING
qui a fait la promotion en envoyant des affiches et des teasers et en organisant des conférences de presse avec les acteurs principaux et parfois le RÉALISATEUR avant qu'il n'entre dans sa
SECONDE VIE
en sortant en DVD, en passant à la TV ou en devenant un JEU, engrangeant suffisamment de ventes pour revenir à l'IDÉE originale et réaliser une
SUITE
ou même une FRANCHISE, ce qui signifie que vous n'en verrez jamais la
FIN

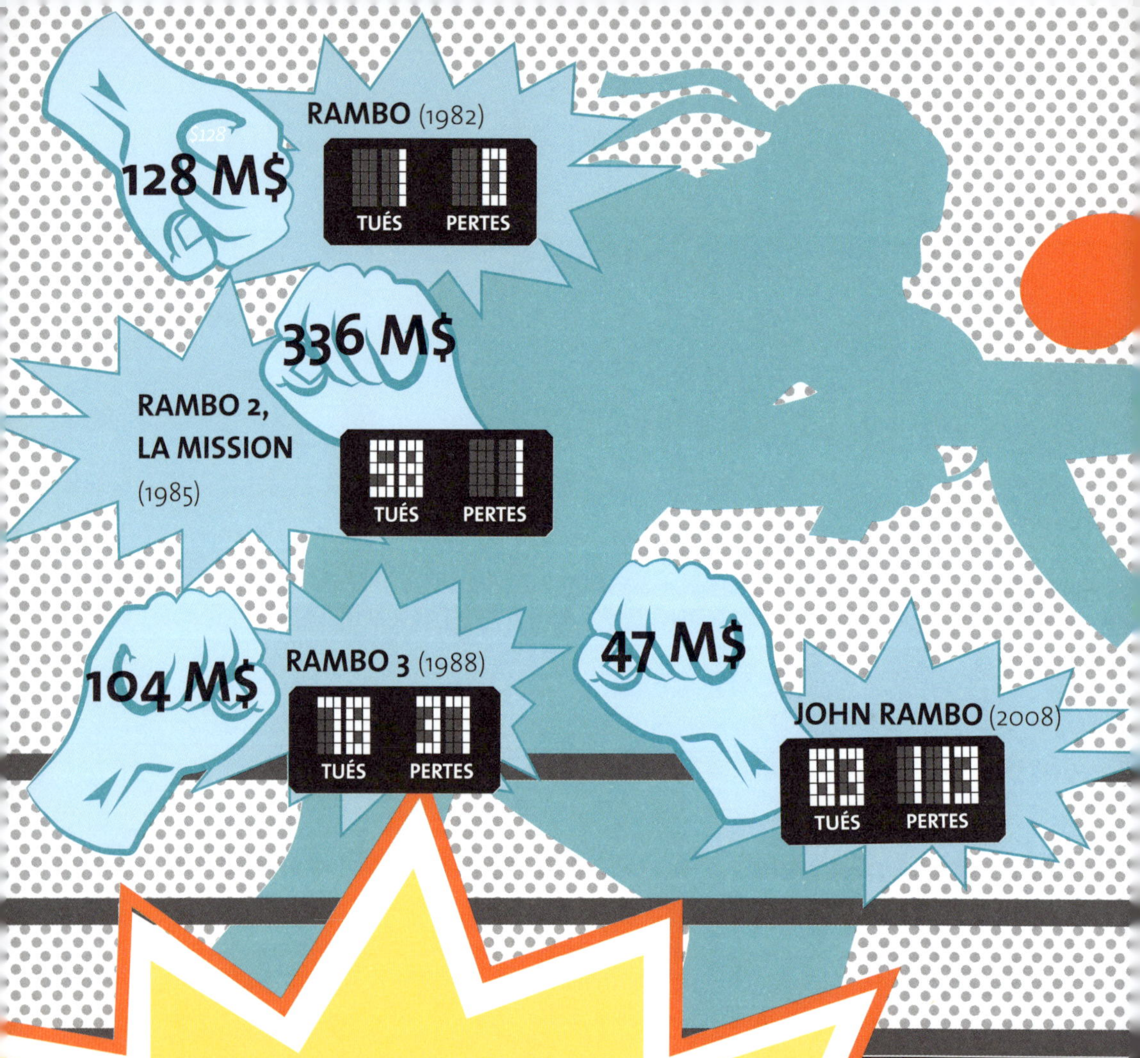

ROCKY ***VS*** RAMBO

Les deux franchises de Sylvester Stallone ont été d'énormes succès et ses personnages – le boxeur Rocky Balboa et le vétéran du Vietnam John Rambo – sont devenus de véritables icônes de la vengeance et du châtiment au cinéma. Lequel des deux a remporté le plus de combats sur le ring et au box-office ?

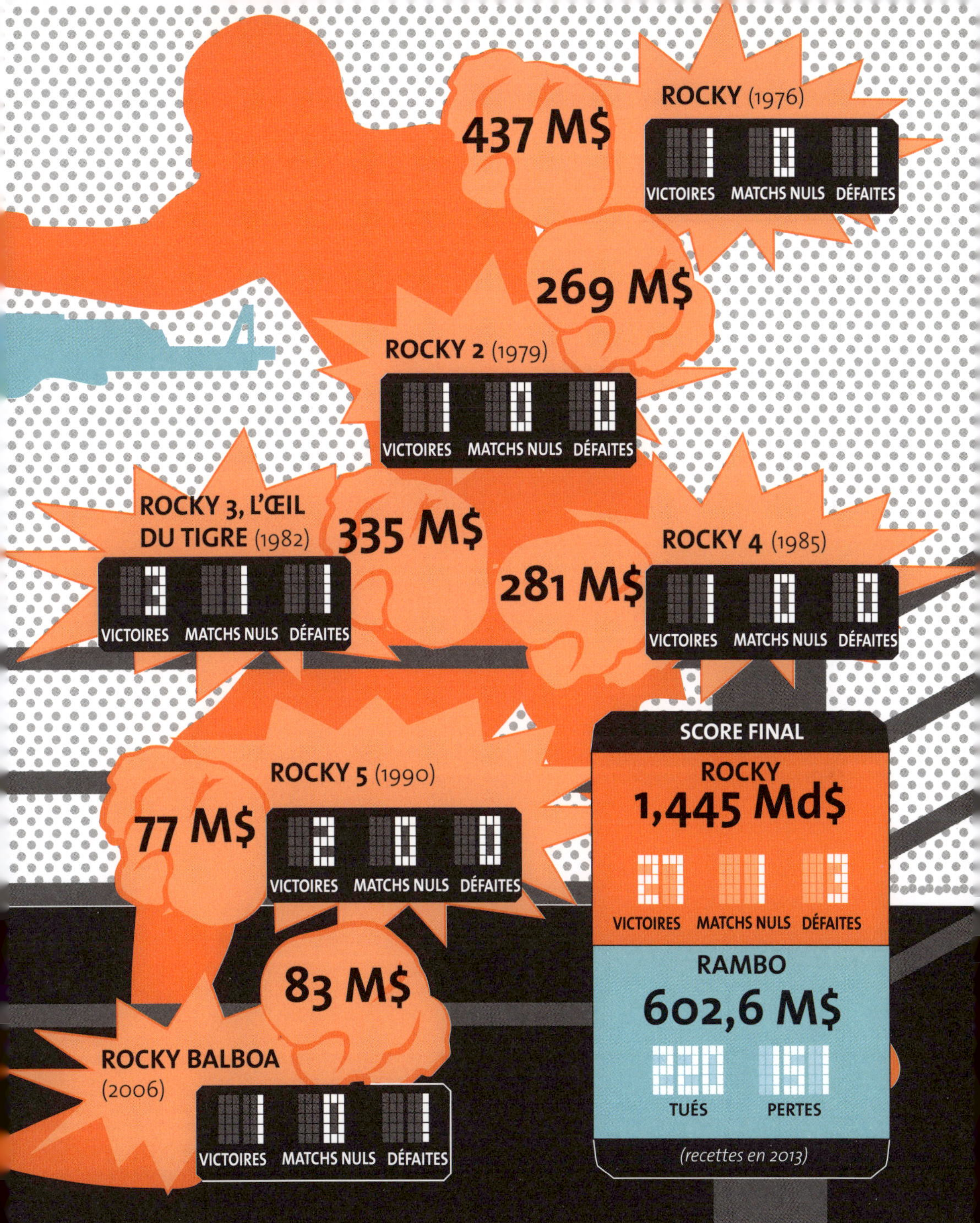

Sources : Box Office Mojo – IMDb (http://www.imdb.com) – John Mueller, Ohio State University

PUSSY GALORE

*Les cinéastes ont souvent utilisé les animaux pour transmettre de façon plus ou moins subtile un message qui ne sauterait pas aux yeux des spectateurs.
En voici la preuve par l'image…*

CLICHÉ

Binx
(*Hocus Pocus, les trois sorcières*, 1993)

GARDE ALTERNÉE

Kitty
(*La guerre des Rose*, 1989)

DANGER

Monty
(*Stuart Little*, 1999)

SAUVEUR

« PV »
(*L'espion aux pattes de velours* 1 & 2, 1965 et 1997)

CONTRÔLE

(Mr) Jinx
(*Mon beau-père et moi*, 2000)

CÉLIBAT

B&W cat
(*Entre chiens et chats*, 1996)

MÉCHANCETÉ

Général Sterling Price
(*100 dollars pour un shérif*, 1969)

VENGEANCE

Tabata
(*Le spectre du chat*, 1961)

DÉMON

Azazel
(*Le témoin du mal*, 1998)

LIBERTÉ

Choléra Cosmique
(*L'apprentie sorcière*, 1971)

MÉGALOMANIE

Le persan blanc de Blofeld
Plusieurs James Bond (1963-1974)

FÉMINITÉ

Miss Kitty
(*Batman, le défi*, 1992)

JEU **D'ENFANTS**

Que sont devenues les jeunes stars des films à succès ? Certaines sont restées dans le monde du cinéma, alors que d'autres...

CLÉ

Plus grand succès enfant

Plus grand succès adulte

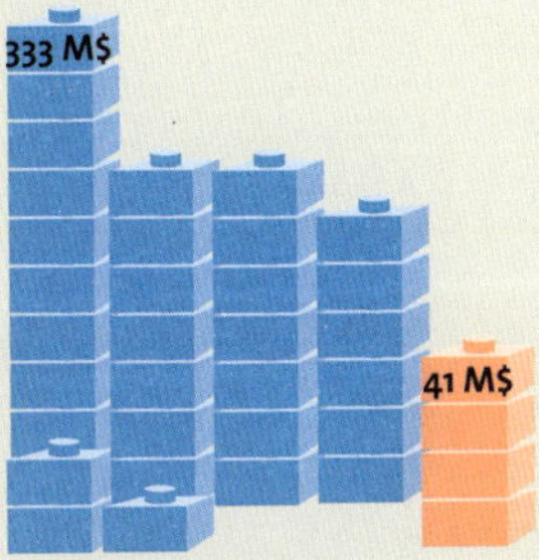

Jonathan Ke Quan

(Aujourd'hui coordinateur des cascades)

Indiana Jones et le temple maudit (1984)

Encino Man (1992)

Danny Lloyd

(Aujourd'hui professeur de sciences)

Shining (1980)

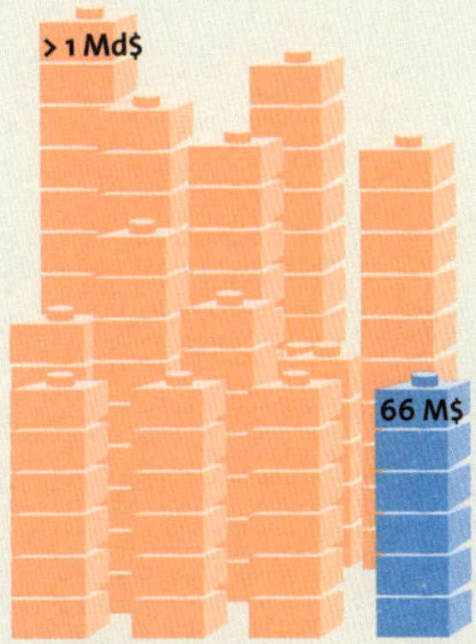

Christian Bale

(Aujourd'hui acteur)

L'empire du soleil (1987)

The Dark Knight Rises (2012)

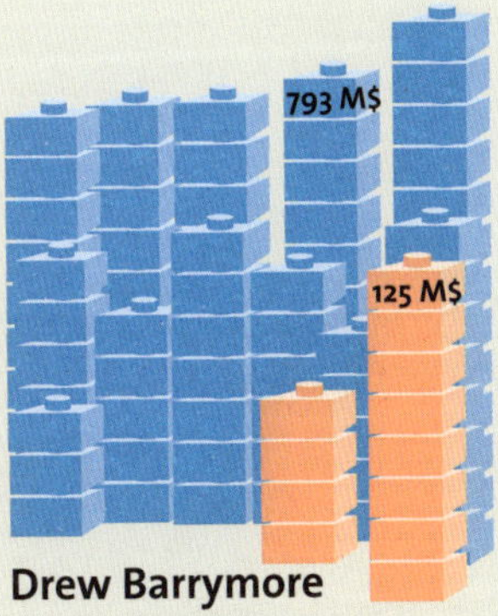

Drew Barrymore

(Aujourd'hui actrice)

E.T., l'extra-terrestre (1982)

Charlie et ses drôles de dames (2000)

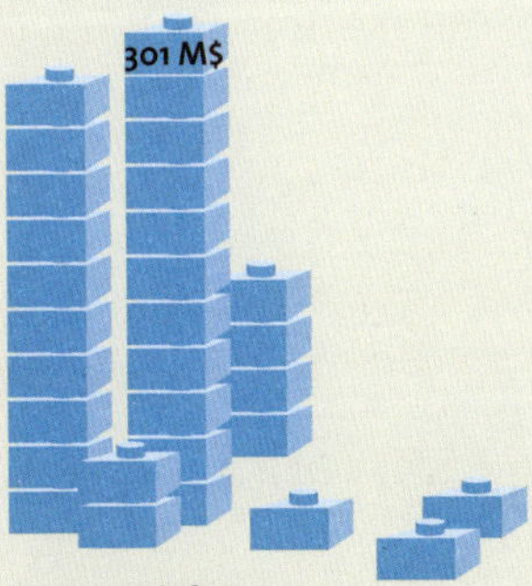

Jason Fisher

(Aujourd'hui joueur de poker pro)

Hook ou la revanche du Capitaine Crochet (1991)

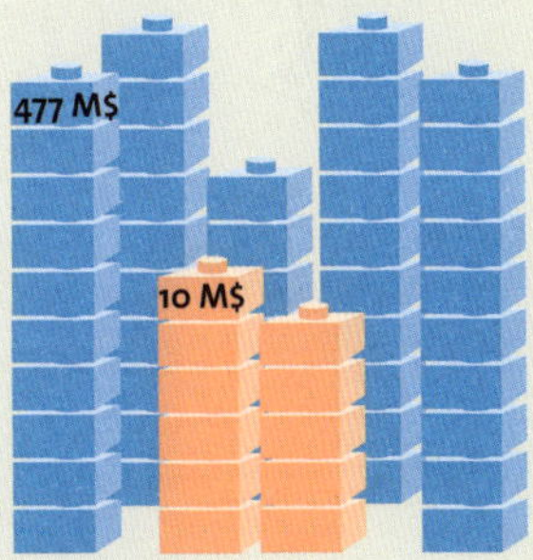

Macaulay Culkin

(Aujourd'hui acteur)

Maman, j'ai raté l'avion (1990)

Saved ! (2004)

Sources : Box Office Mojo – IMDb (http://www.imdb.com)

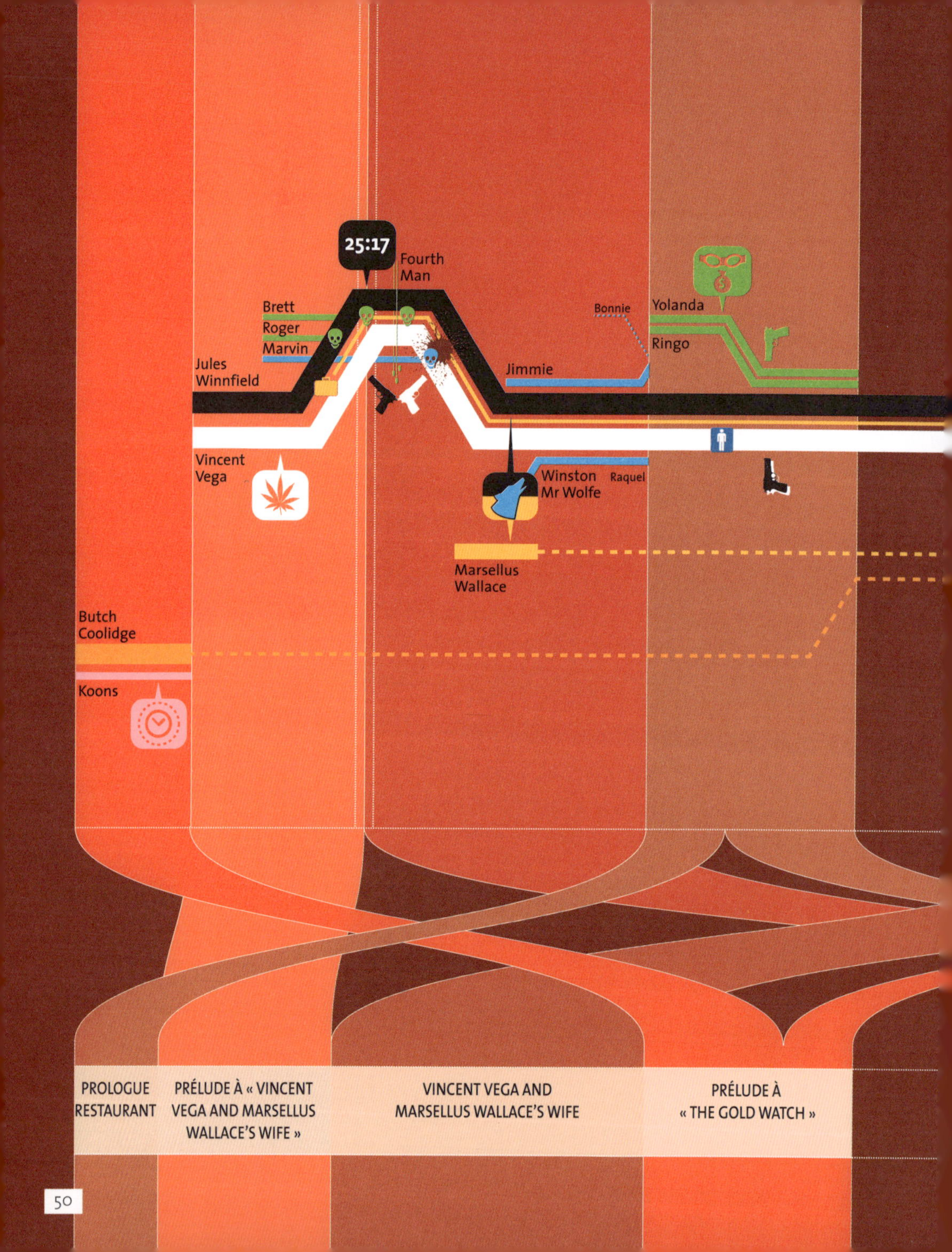
25:17
Fourth Man
Brett
Roger
Marvin
Jules Winnfield
Bonnie
Yolanda
Ringo
Jimmie
Vincent Vega
Winston Mr Wolfe
Raquel
Marsellus Wallace
Butch Coolidge
Koons
PROLOGUE RESTAURANT
PRÉLUDE À « VINCENT VEGA AND MARSELLUS WALLACE'S WIFE »
VINCENT VEGA AND MARSELLUS WALLACE'S WIFE
PRÉLUDE À « THE GOLD WATCH »

PULP FICTION : NE SOYEZ PAS SI LINÉAIRE

Revivez Pulp Fiction *à travers cette timeline où les interactions entre les différents personnages et les événements marquants sont présentés de façon chronologique. À comparer avec l'enchaînement des séquences dans le film, en bas de page.*

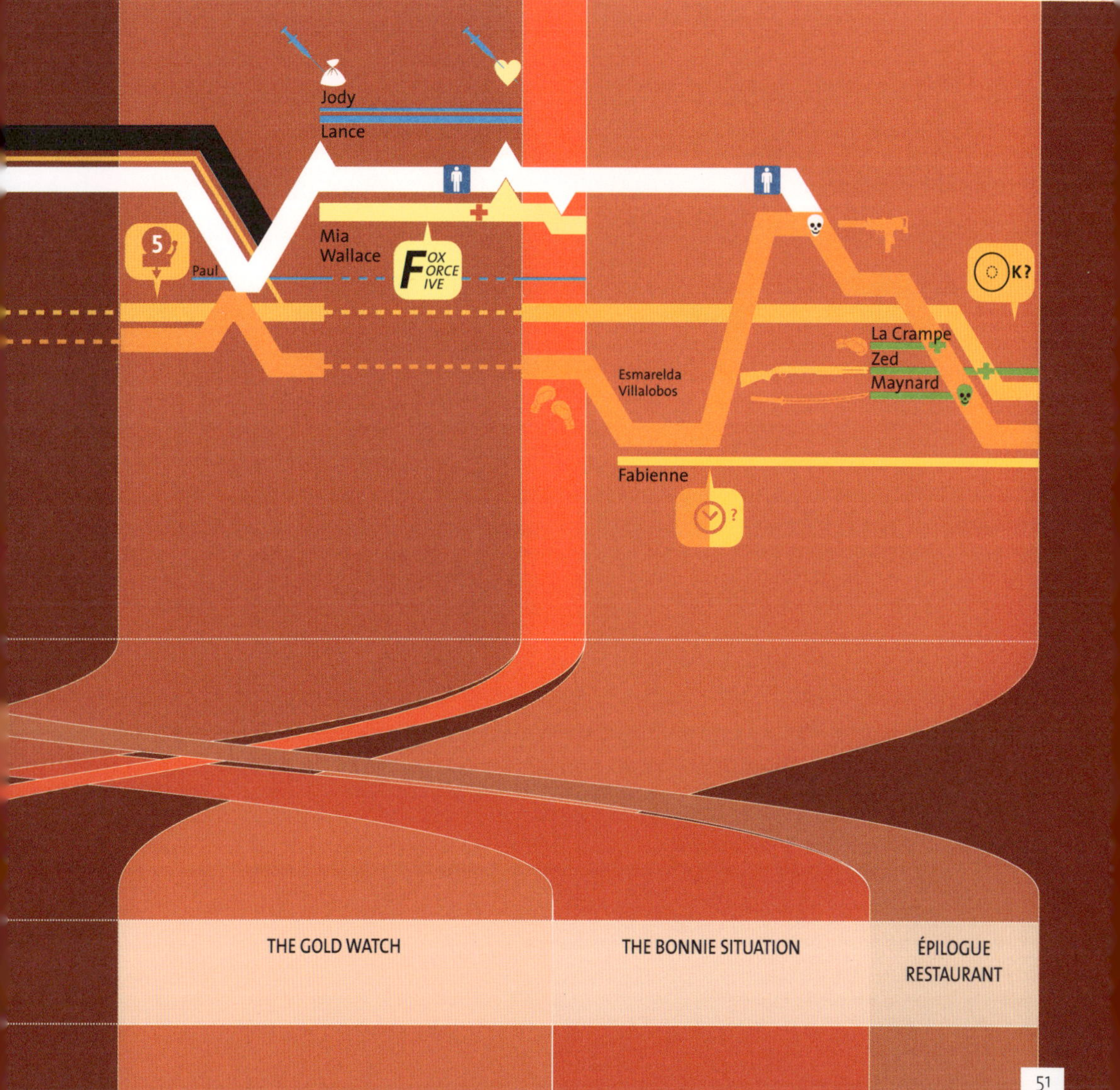

ET L'OSCAR **AURAIT PU** ÊTRE ATTRIBUÉ À...

Voici dix films qui, selon le site rottentomatoes.com, auraient ***pu*** *remporter l'Oscar, et le vainqueur, pourtant moins bien noté.*

a remporté l'Oscar

n'a pas eu l'Oscar

% de critiques positives recensées par rottentomatoes.com

Année	NOMMÉ	%	LAURÉAT	%
1958	*Sueurs froides* 48 M$	98%	*Gigi* 33 M$	74%
1966	*Qui a peur de Virginia Woolf ?* 40 M$	97%	*Un homme pour l'éternité* 25 M$	79%
1970	*2001, l'odyssée de l'espace* 190 M$	96%	*Oliver !* 77,4 M$	85%
1976	*Taxi Driver* 48,2 M$	98%	*Rocky* 437 M$	92%
1979	*Apocalypse Now* 88 M$	99%	*Kramer contre Kramer* 106 M$	86%
1981	*Raging Bull* 23,4 M$	98%	*Des gens comme les autres* 54,77 M$	91%
1991	*Terminator 2, le jugement dernier* 520 M$	98%	*Le silence des agneaux* 272,7 M$	95%
1998	*Il faut sauver le soldat Ryan* 481,8 M$	93%	*Shakespeare in love* 100,24 M$	93%
1999	*Dans la peau de John Malkovich* 32,4 M$	93%	*American Beauty* 356,3 M$	88%
2002	*Le pianiste* 120 M$	96%	*Chicago* 307 M$	87%

Source : IMDb (http://www.imdb.com)

100 % **LOSERS**

Voici dix films qui, selon le site rottentomatoes.com, auraient ***dû*** *remporter l'Oscar, et leur concurrent qui, pourtant moins bien noté, l'a emporté.*

a remporté l'Oscar

100 % loser

100 % LOSER			VAINQUEUR	*
Citizen Kane (d'Orson Welles)	100%	89%	***Quelle était verte ma vallée*** (de John Ford)	1941
Le troisième homme (de Carol Reed)	100%	96%	***Les fous du roi*** (de Robert Rossen)	1949
La prisonnière du désert (de John Ford)	100%	73%	***Le tour du monde en 80 jours*** (de Michael Anderson)	1956
La mort aux trousses (d'Alfred Hitchcock)	100%	89%	***Ben-Hur*** (de William Wyler)	1959
Docteur Folamour (de Stanley Kubrick)	100%	95%	***My Fair Lady*** (de George Cukor et Scott Heming)	1964
Répulsion (de Roman Polanski)	100%	84%	***La mélodie du bonheur*** (de Robert Wise)	1965
Les dents de la mer (de Steven Spielberg)	100%	96%	***Vol au-dessus d'un nid de coucou*** (de Milos Forman)	1975
Fanny et Alexandre (d'Ingmar Bergman)	100%	89%	***Gandhi*** (de Richard Attenborough)	1982
Toy Story (de John Lasseter)	100%	81%	***Braveheart*** (de Mel Gibson)	1995
Waste Land (de Lucy Walker)	100%	94%	***Le discours d'un roi*** (de Tom Hooper)	2010

* Date de sortie du film

Source : rottentomatoes.com

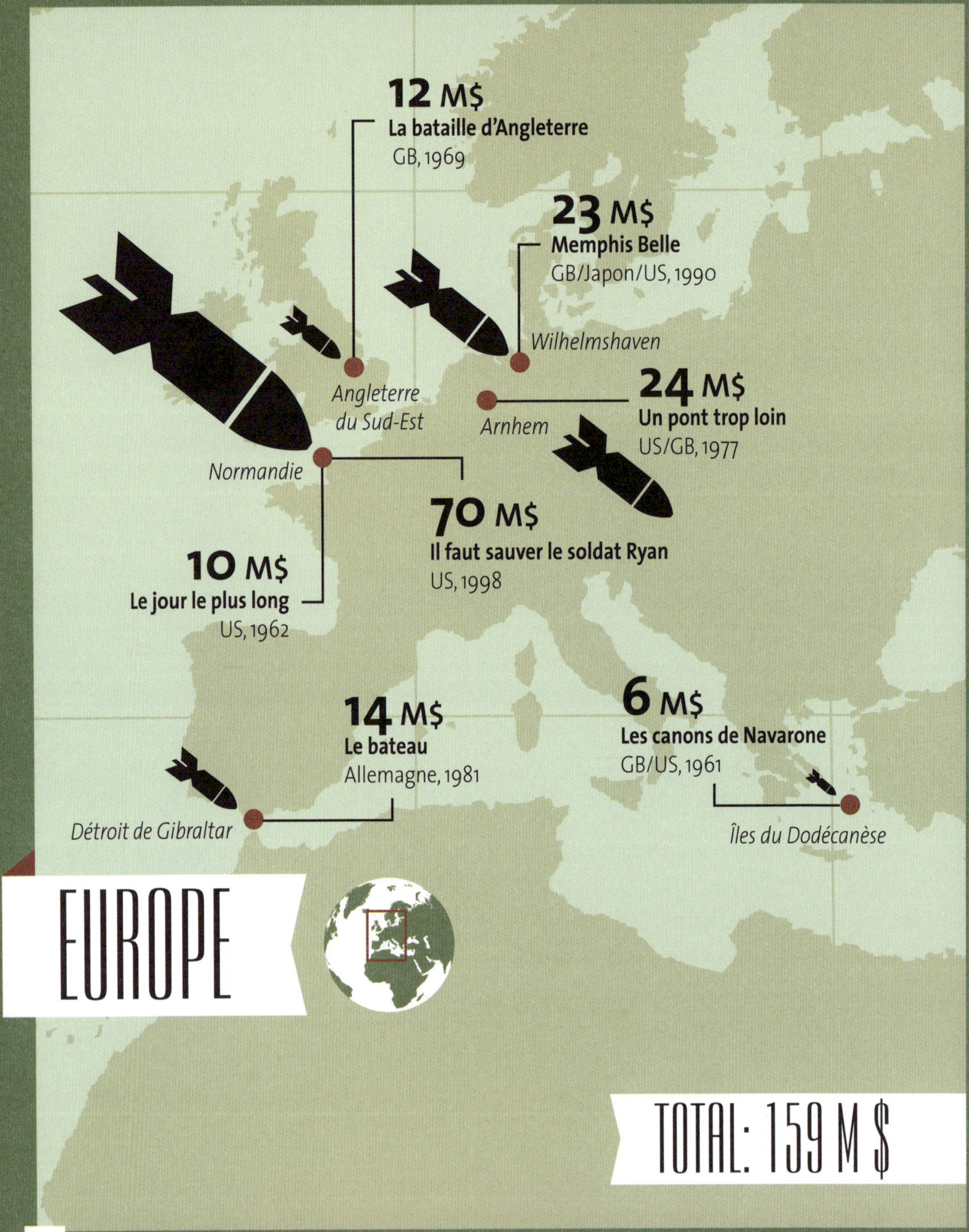
12 M$
La bataille d'Angleterre
GB, 1969
Angleterre du Sud-Est
23 M$
Memphis Belle
GB/Japon/US, 1990
Wilhelmshaven
24 M$
Un pont trop loin
US/GB, 1977
Arnhem
Normandie
70 M$
Il faut sauver le soldat Ryan
US, 1998
10 M$
Le jour le plus long
US, 1962
14 M$
Le bateau
Allemagne, 1981
Détroit de Gibraltar
6 M$
Les canons de Navarone
GB/US, 1961
Îles du Dodécanèse
EUROPE
TOTAL: 159 M $

IL FAUT PAYER LE **SOLDAT RYAN**

Les batailles les plus célèbres de la Seconde Guerre mondiale sont devenues le sujet de nombreux films à gros budget. Et l'histoire se répète : comme pendant la guerre, les Américains ont dépensé plus d'argent en Asie qu'en Europe. Les chiffres fournis correspondent au budget de production de chaque film.

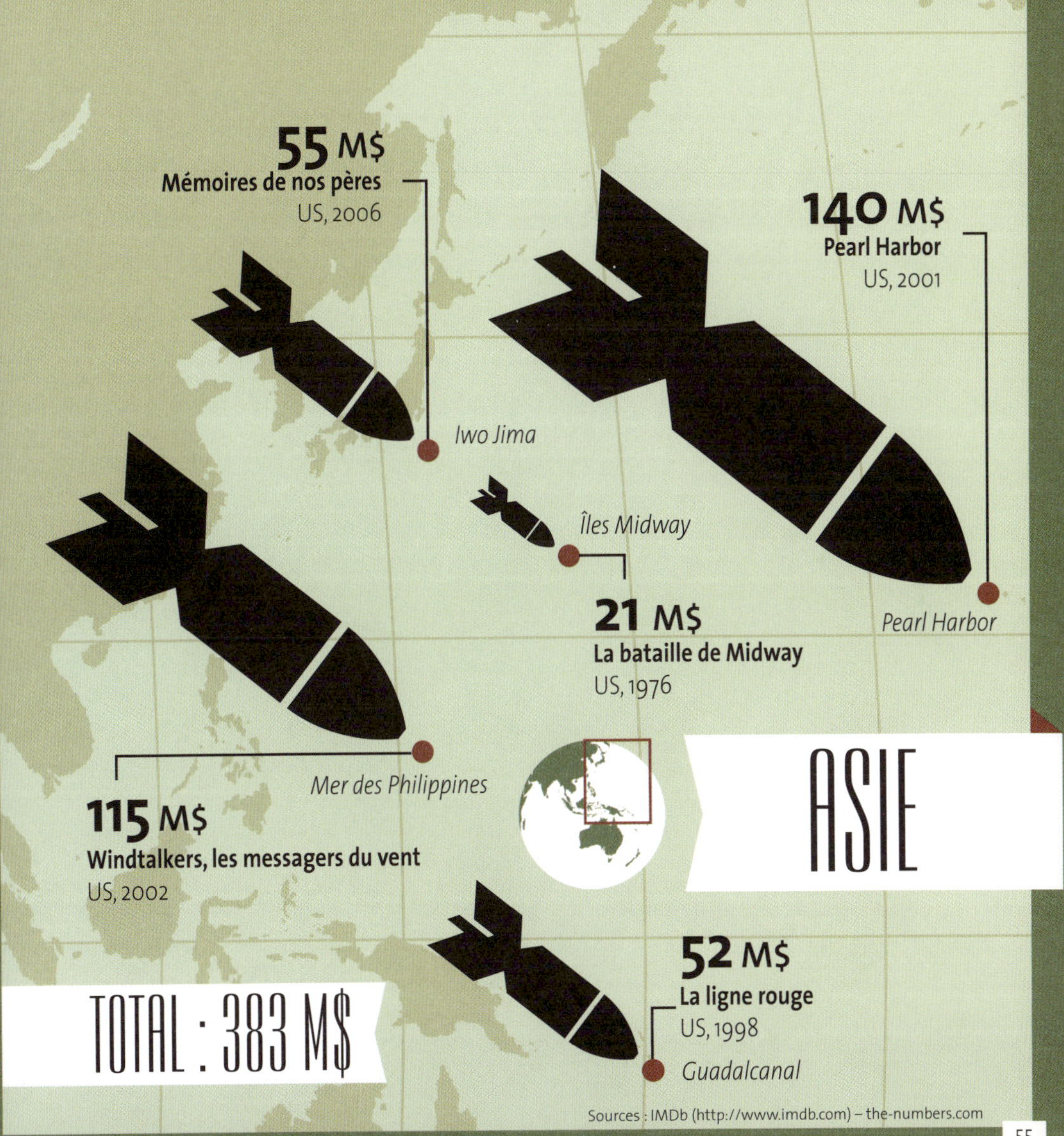

Sources : IMDb (http://www.imdb.com) – the-numbers.com

ALFRED **HITCHCOCK** PRÉSENTE…

*Le maître du suspense aimait travailler avec les mêmes acteurs tant que tout se passait bien. Si Clare Greet (1872-1939) et Leo G. Carroll (1892-1972) ne se sont jamais croisés dans un film d'Hitchcock, ils ont tous deux joué dans ses plus grands chefs-d'œuvre entre 1929 (*Meurtre*, Greet) et 1959 (*La mort aux trousses*, Carroll).*

12 ACTEURS ET ACTRICES RÉCURRENTS

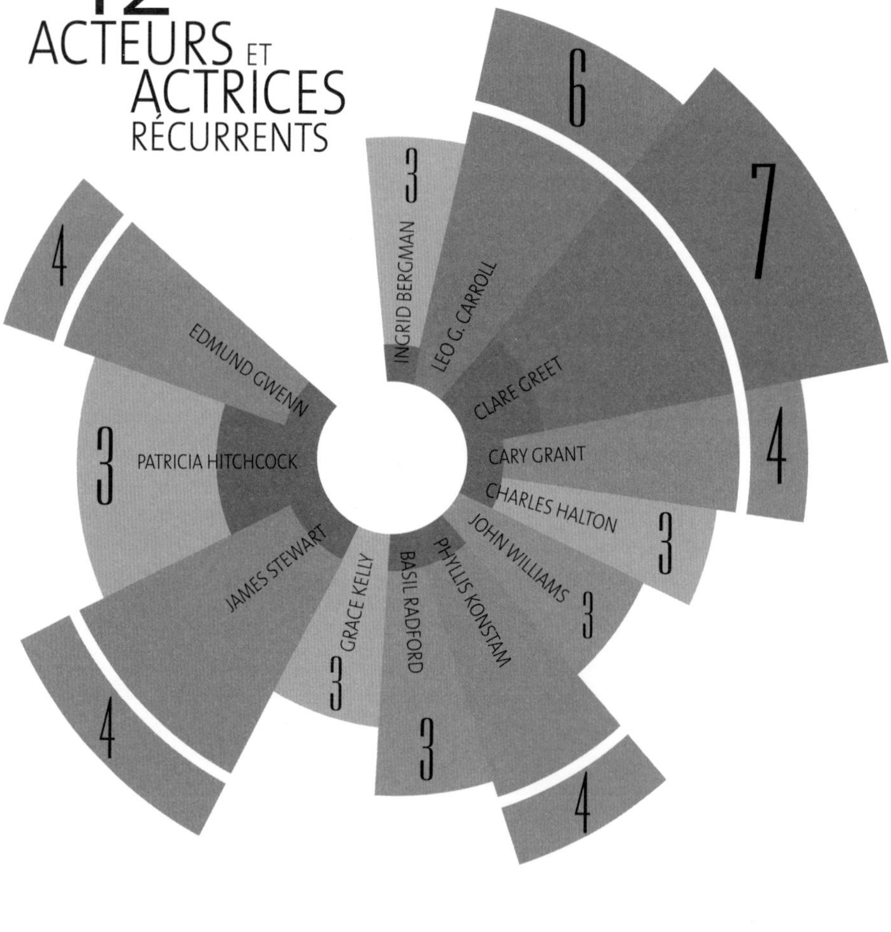

RETOUR VERS LE **FUTUR**

Les films de science-fiction imaginent le monde de demain et la façon dont nous vivrons. Ces appareils ont été utilisés dans des films « visionnaires » réalisés quelques décennies avant leur invention.

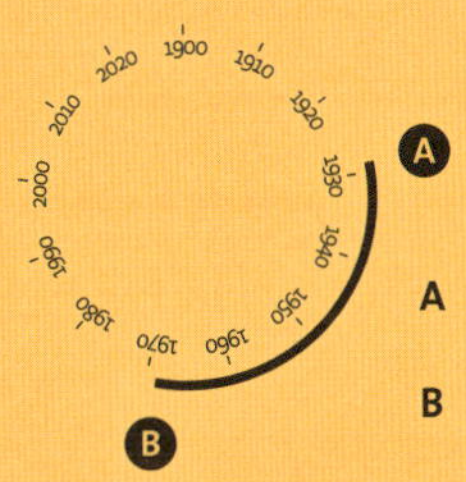

A *année de sortie du film*
B *année d'invention de l'appareil*

Réacteur dorsal En 1939, des réacteurs dorsaux sont utilisés dans *Buck Rogers* – l'histoire se passe en 2440. Le premier réacteur dorsal a été testé avec succès en 1961.

Mini-écouteurs En 1966, de petits écouteurs apparaissent dans le film *Fahrenheit 451*, qui se déroule au XXIVe siècle. Ils ont été introduits pour la première fois en 1995.

Scanner corporel En 1990, des scanners corporels sont utilisés pour les contrôles de sécurité dans *Total Recall*. Les scanners corporels sont apparus pour la première fois en 2007, à Schiphol, l'aéroport d'Amsterdam.

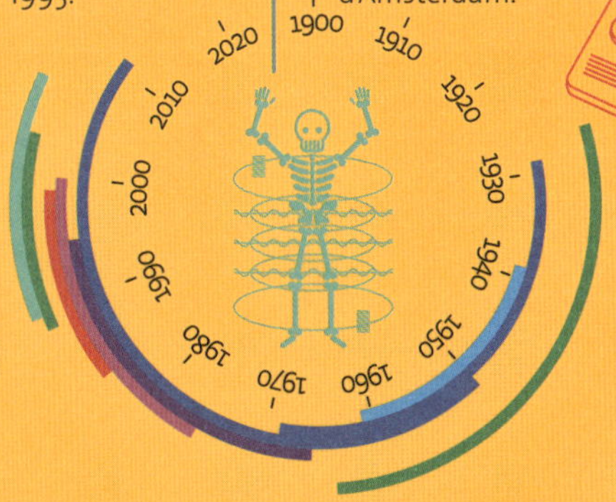

Téléphone portable En 1984, les personnages de *Star trek 3, à la recherche de Spock* utilisent des appareils de communication personnels qu'ils tiennent à la main, tout comme dans la série TV de 1966 qui se déroulait en 2200. À chaque fois, les appareils ressemblaient aux téléphones portables de la fin des années 1990.

Visiophonie En 1927, un visiophone est utilisé dans le film *Metropolis* qui se passe en 2026. Le premier appareil de visiophonie Picturephone a vu le jour en 1964.

En 1989, dans *Retour vers le futur 2*, McFly a une conversation à distance via l'écran plat de sa TV (en 2015). Skype a été introduit en 2003.

Ordinateur avec reconnaissance vocale En 1981, un ordinateur contrôlé par la voix est utilisé dans *The Hitchhiker's Guide to the Galaxy* (et dans *Blade Runner*, 1982). Le premier système de reconnaissance vocale fut introduit dans les années 2000.

Tourisme spatial En 1929, une fusée à plusieurs étages avec du combustible liquide et un compte à rebours est utilisée dans *La femme sur la Lune*. En 1969, des hommes se posent pour la première fois sur la lune avec une fusée à 3 étages et du propergol.

En 1950, dans *Destination... Lune !*, les protagonistes font appel à des investisseurs privés pour financer une mission sur la Lune. En 2011, Virgin a proposé un voyage en orbite lunaire pour 150 M$.

LA **MALÉDICTION** DU TIRE-BOUCHON

Une maison est remplie d'ustensiles qui peuvent être – et ont été – transformés par les réalisateurs en de véritables armes fatales.

Four à micro-ondes
Gremlins, 1984
La dernière maison sur la gauche, 2009

Tire-bouchon
True Romance, 1993

Tasse à thé
Les chroniques de Riddick, 2004

Stylos
Casino, 1995
Tueurs à gages, 1997
La mémoire dans la peau, 2002
Scream, 1996

Thermomètre de cuisson pour viande
Machete, 2010

Bonhomme de pain d'épices
Gingerbread Man, 2005

Caniches dans une casserole
Théâtre de sang, 1973

Spaghetti
Seven, 1995

Sucre d'orge
Black Christmas, 1974

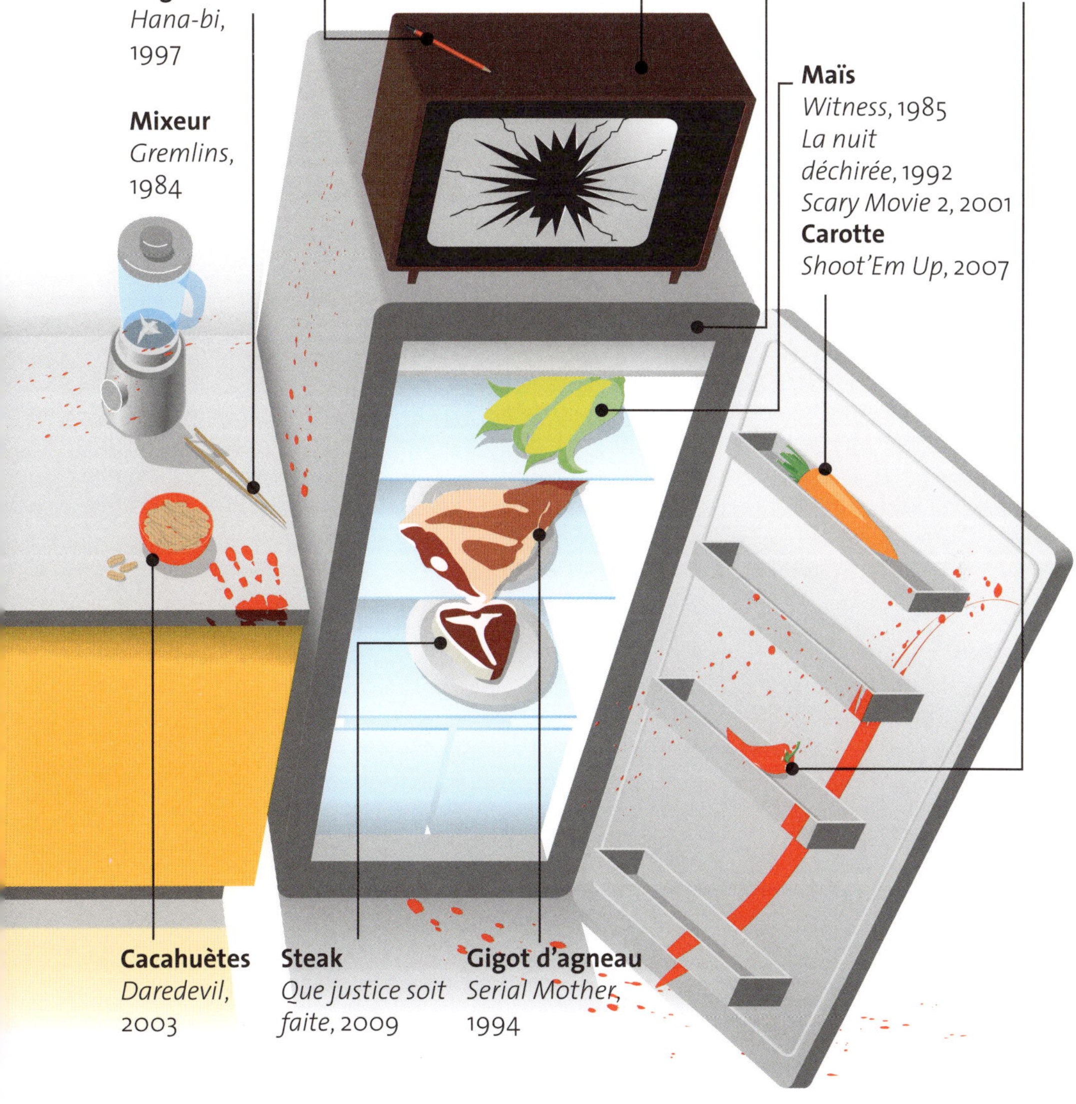

Crayon
Evil Dead, 1981
The Dark Knight, le chevalier noir, 2008
Baguettes
Hana-bi, 1997
Mixeur
Gremlins, 1984
Téléviseur
Henry, portrait d'un serial killer, 1986
Tueurs à gages, 1997
Réfrigérateur
The Refrigerator, 1991
Piment
Action force 10, 1987
Maïs
Witness, 1985
La nuit déchirée, 1992
Scary Movie 2, 2001
Carotte
Shoot'Em Up, 2007
Cacahuètes
Daredevil, 2003
Steak
Que justice soit faite, 2009
Gigot d'agneau
Serial Mother, 1994

LE **THÉORÈME** DE JUDD APATOW

En 2007, le magazine américain Entertainment Weekly *a proclamé le réalisateur, scénariste et producteur Judd Apatow, « la personne la plus futée d'Hollywood » après l'énorme succès de* 40 ans, toujours puceau *et* En cloque, mode d'emploi. *Apatow aurait-il trouvé la bonne équation ?*

- ● Premier rôle masculin : célibataire, geek, coincé et peu sûr de lui
- ■ Premier rôle masculin : célibataire, drogué et peu sûr de lui
- ▲ Premier rôle féminin : intelligente, sûre d'elle, mère de famille
- ⬢ Second rôle, le meilleur ami : conformiste, gros buveur en couple
- ★ Ennemi masculin : odieux

						RECETTES
Celtic Pride (1996)		■			+ ★	= **9 M$**
Heavy Weights (1995)	●				+ ★	= **18 M$**
Walk Hard: The Dewey Cox Story (2007)		■				= **18 M$**
Funny People (2009)	●		+ ▲	+ ⬢	+ ★	= **52 M$**
40 ans, mode d'emploi (2012)		■	+ ▲	+ ⬢	+ ★	= **65 M$**
40 ans, toujours puceau (2005)	●		+ ▲	+ ⬢		= **109 M$**
Braqueurs amateurs (2005)	●		+ ▲		+ ★	= **110 M$**
En cloque, mode d'emploi (2007)		■	+ ▲	+ ⬢		= **149 M$**

En augmentant les caractéristiques qui apparaissent dans les films ayant eu le plus de succès au box-office, la composition du meilleur film de Judd Apatow devrait être...

 Source : Box Office Mojo

L'HABIT NE FAIT PAS LE **DIABLE**

Dress-code *des meilleures incarnations hollywoodiennes de Satan.*

PETER STORMER
Constantine
2005

JENNIFER LOVE HEWITT
The Devil and Daniel Webster
2003

AL PACINO
L'associé du diable
1997

1 TIM CURRY
Legend, 1985

2 ROBERT DE NIRO
Angel Heart, 1987

3 HARVEY KEITEL
Little Nicky, 2000

4 VIGGO MORTENSEN
The Prophecy, 1995

JACK NICHOLSON
Les sorcières d'Eastwick
1987

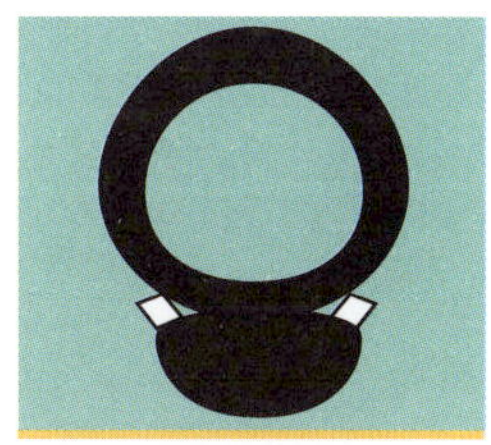

ROSALINDA CELENTANO
L'associé du diable
1997

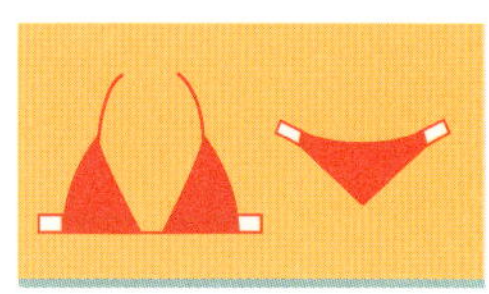

ELIZABETH HURLEY
Endiablé
2000

UN MONDE DE **VILAINS**

Seul un cinquième des acteurs jouant les méchants dans les huit plus grosses franchises hollywoodiennes de films d'action sont américains. La moitié est britannique. Ça en dit long...

AC Michael Wincott *Gary Soneji* **B** Joseph Wiseman *Dr Julius No* **BO** Nicky Naude *Castel* **X** Tyler Mane *Dents-de-sabre*

AC Matthew Fox *Picasso* **B** Christopher Walken *Max Zorin* Yaphet Kotto *Dr Kananga* Robert Davi *Franz Sanchez* Joe Don Baker *Brad Whitaker* Richard Kiel *Requin* **BO** Louis Ozawa Changchien *LARX-3* **DH** William Sadler *Colonel Stuart* Timothy Olyphant *Thomas Gabriel* Maggie Q *Mai Linh* **MI** Jon Voight *Jim Phelps* Philip Seymour Hoffman *Owen Davian*

B Robert Carlyle *Renard* Anthony Dawson *Blofeld* **IJ** Michael Sheard *Adolf Hitler* **MI** Dougray Scott *Sean Ambrose* **X** Brian Cox *Colonel Stryker*

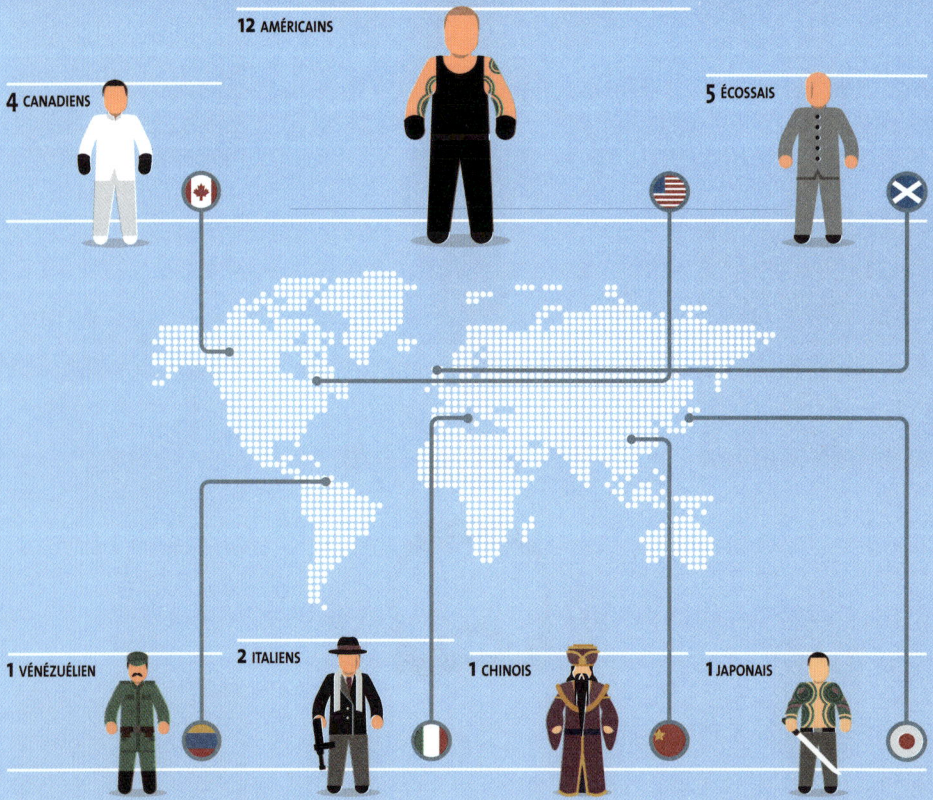

BO Edgar Ramirez *Paz*

B Adolfo Celi *Emilio Largo* **DH** Franco Nero *Général Ramón Esperanza*

B Philip Kwok *Général Chang*

B Tosh Togo *Oddjob*

AC *Alex Cross*	**BO** *Jason Bourne*	**IJ** *Indiana Jones*	**JR** *Jack Reacher*
B *James Bond*	**DH** *Die Hard*	**MI** *Mission Impossible*	**X** *X-Men*

B Jeroen Krabbé *Général Georgi Koskov* **X** Famke Janssen *(le) Phénix noir* Rebecca Romijn-Stamos *Mystique*

AC Cary Elwes *Nick Ruskin* **B** Sean Bean *Janus* Steven Berkoff *Général Orlov* Charles Gray *Blofeld* Julian Glover *Aristotle Kristatos* John Hollis *Blofeld* Christopher Lee *Scaramanga* Rosamund Pike *Miranda Frost* Donald Pleasence *Blofeld* Robert Rietty *méchant en fauteuil roulant* Toby Stephens *Gustav Graves* **BO** Russell Levy *Mannheim* Clive Owen *Le professeur* **DH** Alan Rickman *Hans Gruber* Jeremy Irons *Simon Gruber* **IJ** Michael Byrne *Colonel Ernst Vogel* Paul Freeman *René Belloq* Julian Glover *Walter Donovan* Ronald Lacey *Major Arnold Toht* Pat Roach *garde* Ray Winstone *George « Mac » Michale* **MI** Eddie Marsan *Brownway* **X** Vinnie Jones *Juggernaut* Ian McKellen *Magneto*

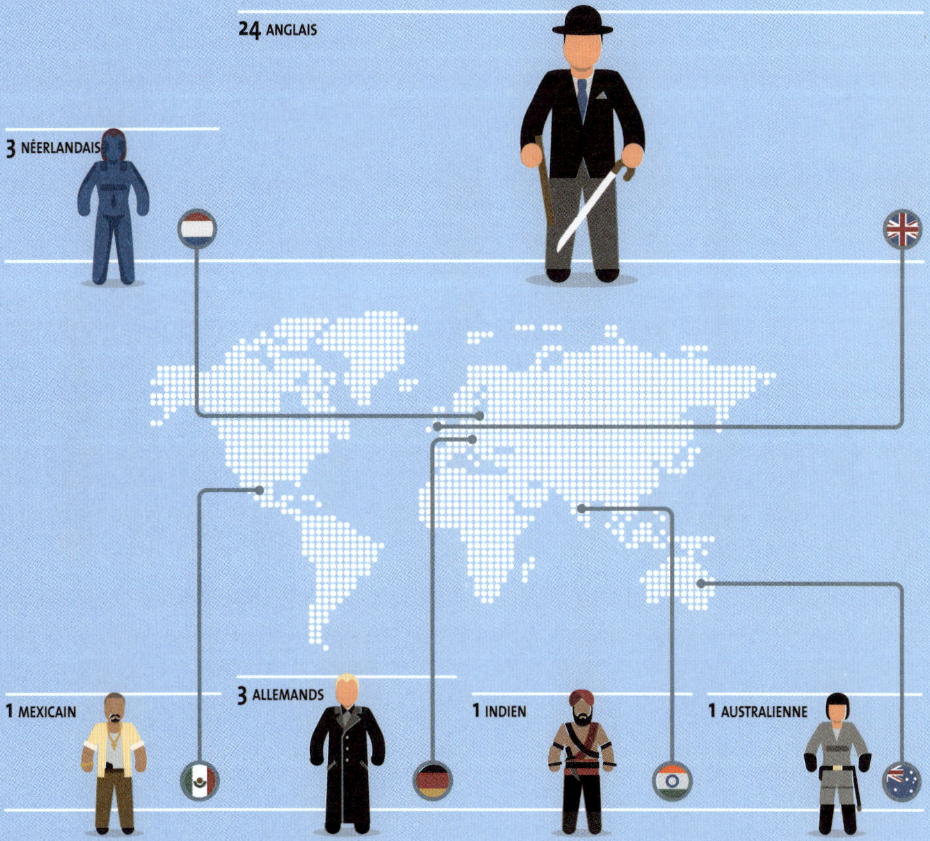

B Joaquin Cosio *Général Medrano*

B Gert Fröbe *Auric Goldfinger* Curt Jürgens *Karl Stromberg* **JR** Werner Herzog *Le Zec*

IJ Amrish Puri *Mola Ram*

IJ Cate Blanchett *Irina Spalko*

Source : IMDb (http://www.imdb.com)

LES **PÉPITES** DU BOX-OFFICE

En 1930, 65 % de la population américaine allait au cinéma une fois par semaine. En 1964, ce chiffre n'était plus que de 10 % (avec 1,04 Md d'entrées). Les choses ont peu changé depuis, ce qui explique sans doute pourquoi les 30 films ayant engrangé le plus de recettes aux États-Unis sont tous de vieux films (même après l'ajustement des prix en fonction de l'inflation).*

CLÉ

- Historique
- Science-fiction, fantastique
- Famille, aventure
- Romance
- Animation
- Thriller, épouvante-horreur
- Épouvante-horreur
- Science-fiction, aventure
- Comédie, policier
- Aventure, action
- Aventure, science-fiction
- Comédie dramatique
- Policier, drame
- Famille, comédie musicale
- Comédie musicale
- Action, aventure
- Espionnage

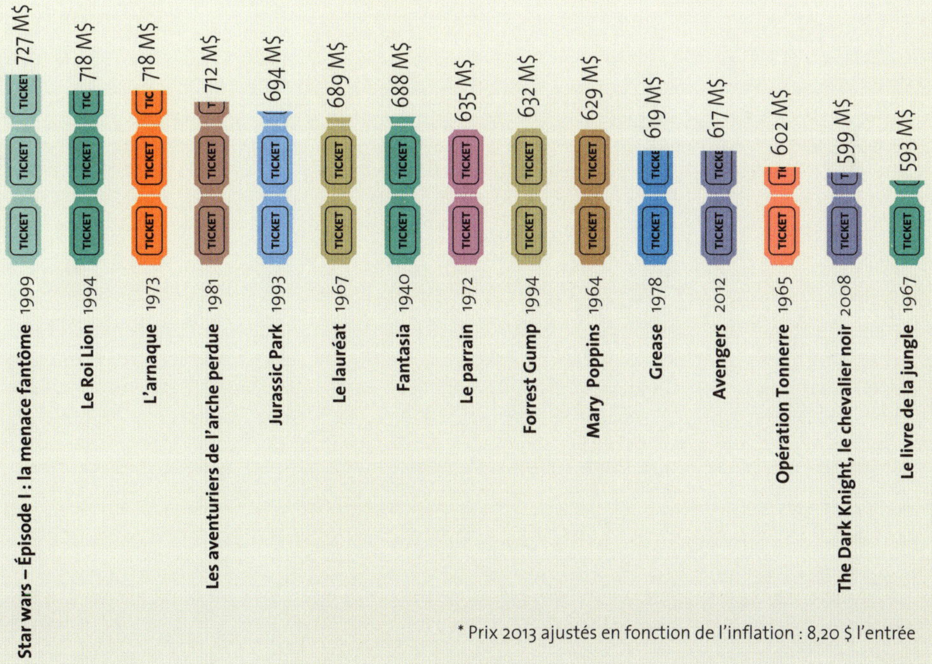

* Prix 2013 ajustés en fonction de l'inflation : 8,20 $ l'entrée

Sources : Box Office Mojo – MPAA

AMÉRIQUE DU NORD
Ontario (4)
Québec (2)
Nouvelle-Angleterre (2)
Massachusetts (5)
Colombie-Britannique (6)
Ohio (2)
WI
MI
IL
Washington (2)
Missouri (4)
NJ
CT
New York (9)
DE
UT
CO
Kentucky (5)
Pennsylvanie (10)
AZ
WV
VA
NC
SC
Maryland (2)
Nouveau-Mexique (3)
TN
Géorgie (2)
Louisiane (4)
Texas (3)
Floride (5)
Saint-Sébastien (4)
Haïti (2)
Îles Caïmans (1)
Bahamas (1)
Californie (32)
Brésil (2)
AMÉRIQUE DU SUD
Nouvelle-Zélande (2)
Chili (1)

WORLD WAR **Z**

En cas d'attaque de zombies, où pourriez-vous trouver refuge ? Cette carte indique le nombre de films de zombies tournés et/ou se déroulant dans chaque région du monde.

autres (nombre de films = 1)

AZ	Arizona	**MI**	Michigan	**UT**	Utah
CO	Colorado	**NJ**	New Jersey	**VA**	Virginie
CT	Connecticut	**NC**	Caroline du Nord	**WV**	Virginie occidentale
DE	Delaware	**SC**	Caroline du Sud	**WI**	Wisconsin
IL	Illinois	**TN**	Tennessee		

BÉNÉFICES NETS

Même les plus gros succès hollywoodiens semblent faire rarement des bénéfices. L'exemple qui suit (coûts réels d'une franchise à succès) en dévoile la raison : l'importance des coûts liés à l'exploitation du film (distribution, diffusion, marketing).

- Pré-production * **5 M$**
- Rémunération producteurs **15 M$**
- Effets spéciaux **65 M$**
- Tournage **45 M$**
- Publications **20 M$**
- Scénario **10 M$**
- Propriété intellectuelle **20 M$**
- Réalisateur **10 M$**
- Musique **5 M$**
- Casting **30 M$**
- Compositeur **2 M$**
- Distribution **15 M$**
- Diffusion **112 M$**
- Intérêts **25 M$**
- Postproduction/Marketing **100 M$**

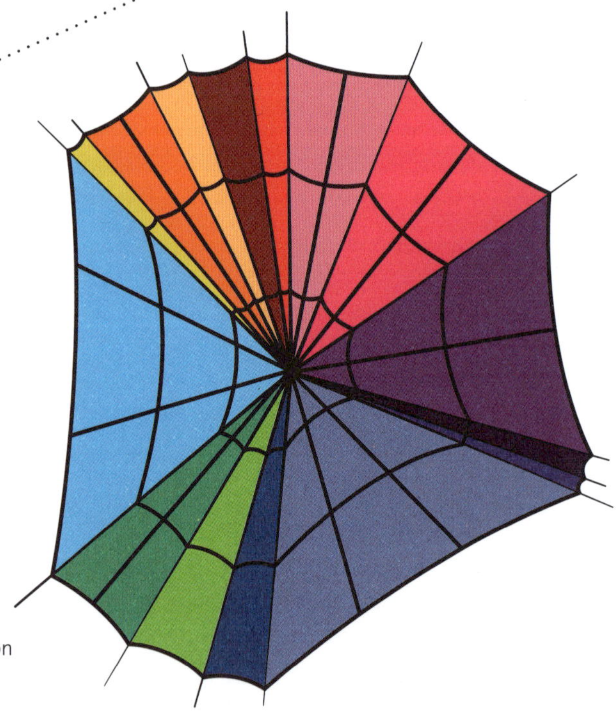

- Coût total **479 M$**
- Recettes au box-office **274 M$**
- Pertes **105 M$**

* Recrutement des auteurs, réalisateurs et acteurs pour un film éventuel et planification de la pré-production par l'équipe technique

LA REVANCHE DES **ANIMAUX**

Baignade interdite ! Les reptiles et les poissons carnivores sont de loin les créatures les plus mortelles au cinéma.

Nombre de victimes

WILLARD
1971
RAT ALBINOS

La nuit des
VERS GÉANTS
1976
VERS

CUJO
1983
SAINT-BERNARD

ANACONDA,
le prédateur
1997
SERPENTS

Lake
PLACID
1999
CROCODILE

Nombre de victimes

Les dents
DE LA MER
1975
REQUIN

PIRANHAS
1978
POISSON

L'incroyable
ALLIGATOR
1980
ALLIGATOR

DES SERPENTS
dans l'avion
2006
SERPENTS

Piranha
3D
2010
POISSON

IT'S IN THE **GAME**

De nombreuses franchises de jeux vidéo enregistrant plusieurs millions – voire milliards – de ventes ont été adaptées au cinéma. Or, leur adaptation sur grand écran n'a pas toujours été une réussite…

CLÉ

- Classement du jeu vidéo
- Nombre de jeux vendus
- Classement du film
- Bénéfices/pertes enregistrés par le film
- Recettes du film
- Le jeu vidéo gagne
- Le jeu vidéo perd
- Le film gagne
- Le film perd

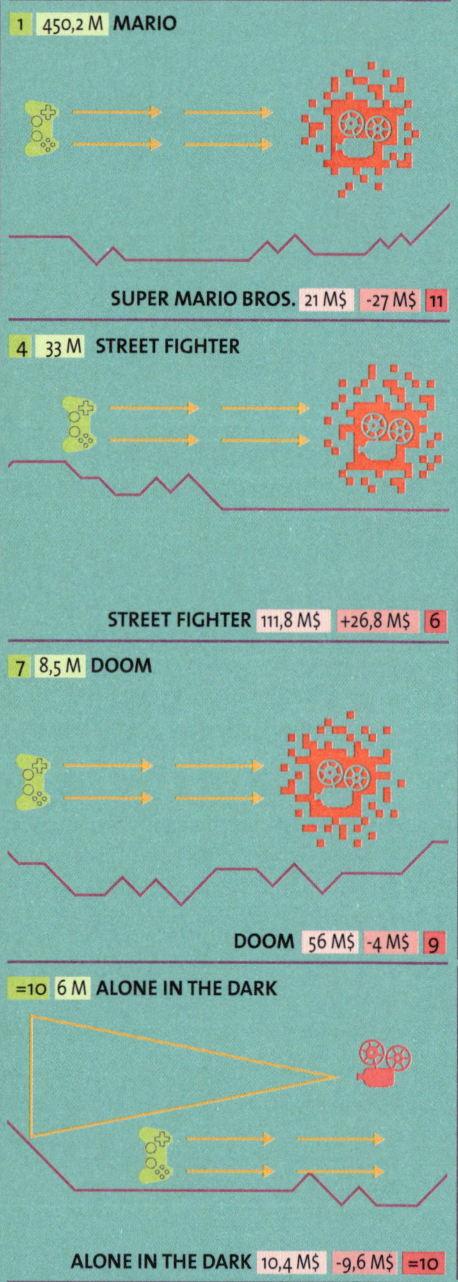

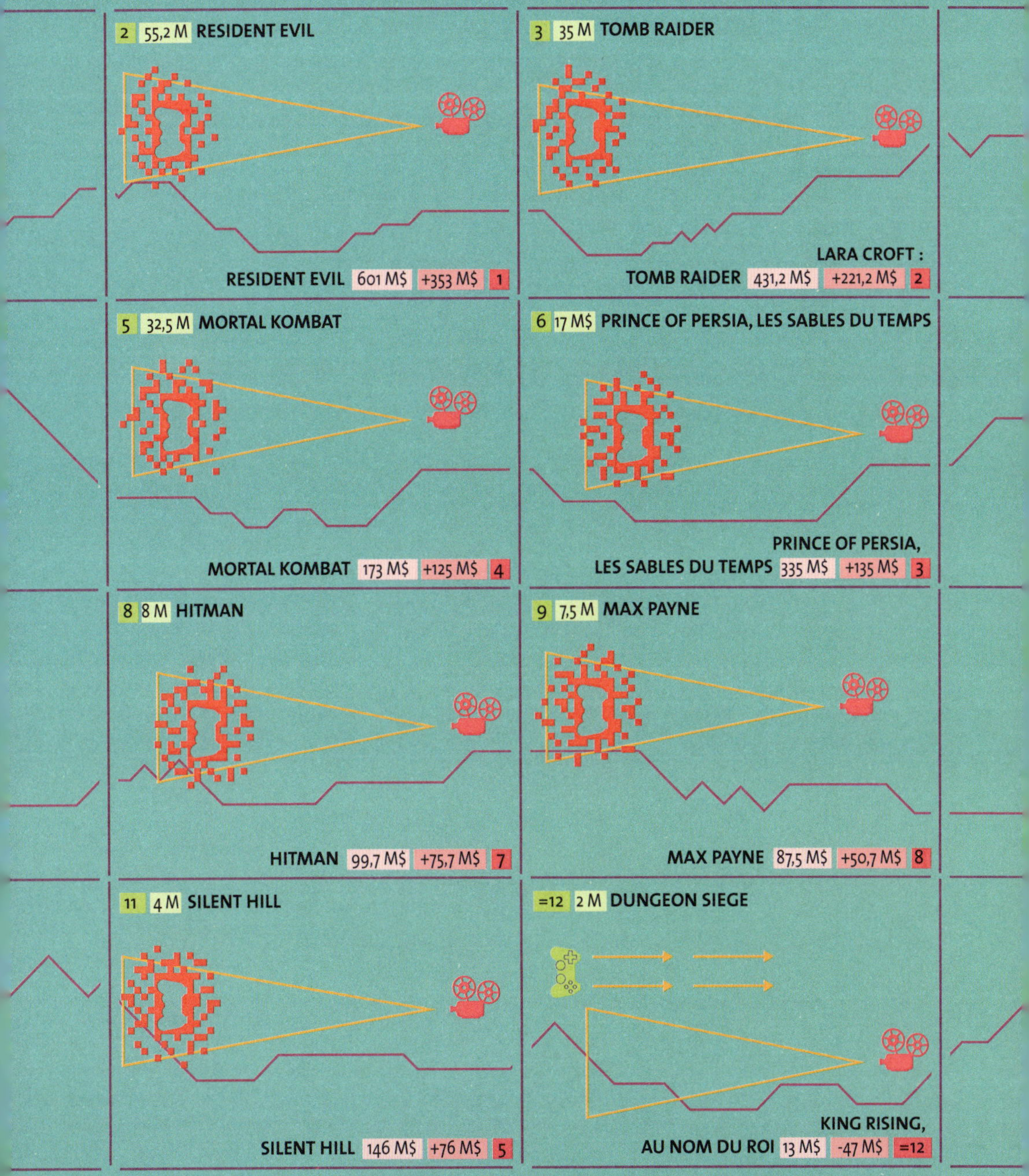

Source : IMDb (http://www.imdb.com)

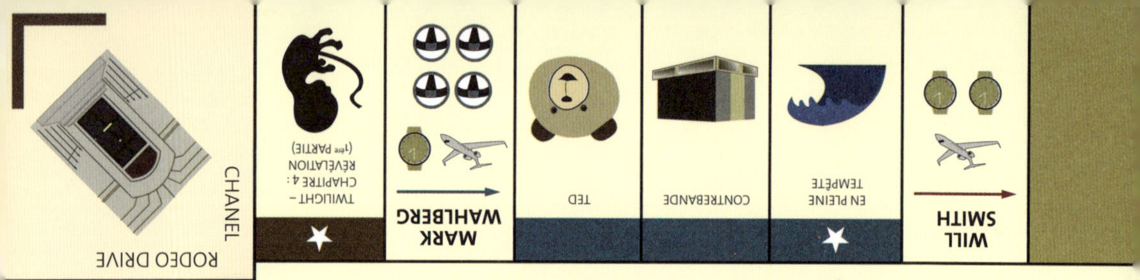

LES **MIEUX PAYÉS** D'HOLLYWOOD

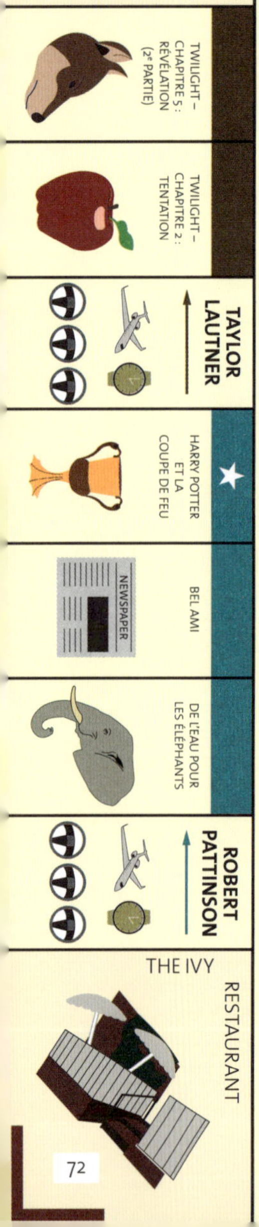

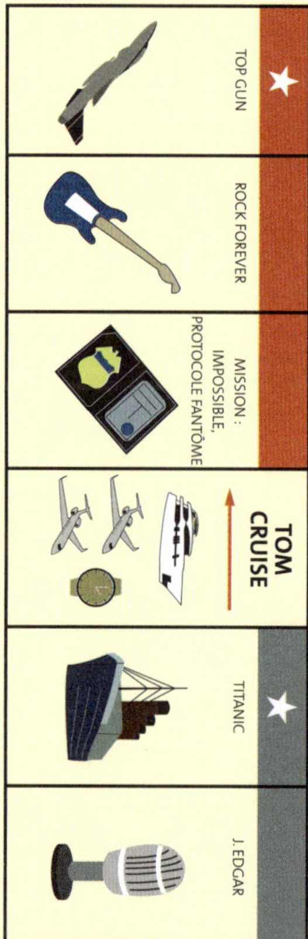

En 2011-2012, les onze acteurs figurant dans ce graphique étaient les mieux payés dans le monde du cinéma. Voici, pour chacun d'eux, une estimation de leurs revenus et un rappel de leurs films sortis durant cette période (dont leur plus gros succès au box-office, marqué d'une étoile).

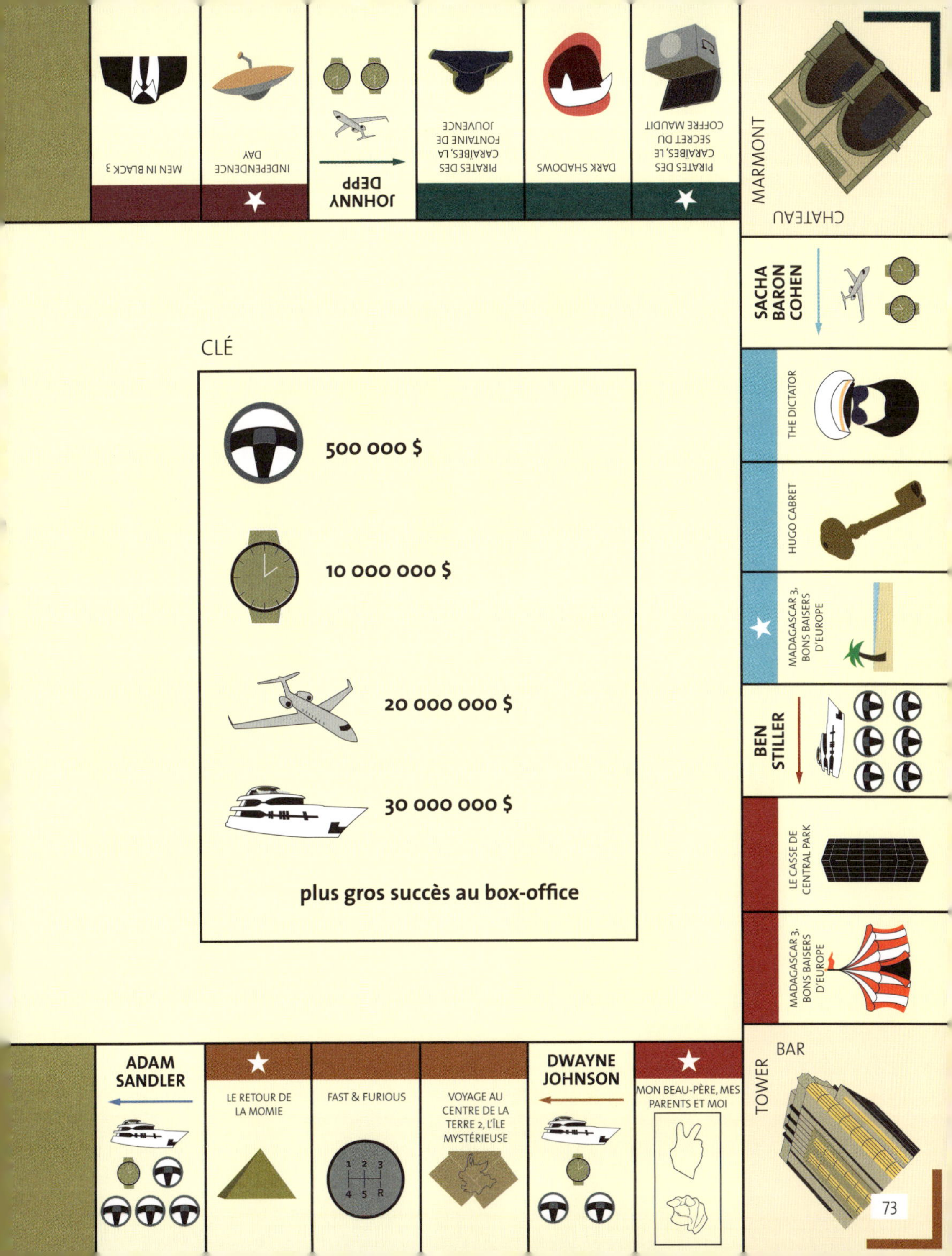
CLÉ
500 000 $
10 000 000 $
20 000 000 $
30 000 000 $
plus gros succès au box-office
MEN IN BLACK 3
INDEPENDENCE DAY
JOHNNY DEPP
PIRATES DES CARAÏBES, LA FONTAINE DE JOUVENCE
DARK SHADOWS
PIRATES DES CARAÏBES, LE SECRET DU COFFRE MAUDIT
CHATEAU MARMONT
SACHA BARON COHEN
THE DICTATOR
HUGO CABRET
MADAGASCAR 3, BONS BAISERS D'EUROPE
BEN STILLER
LE CASSE DE CENTRAL PARK
MADAGASCAR 3, BONS BAISERS D'EUROPE
TOWER BAR
MON BEAU-PÈRE, MES PARENTS ET MOI
DWAYNE JOHNSON
VOYAGE AU CENTRE DE LA TERRE 2, L'ÎLE MYSTÉRIEUSE
FAST & FURIOUS
LE RETOUR DE LA MOMIE
ADAM SANDLER

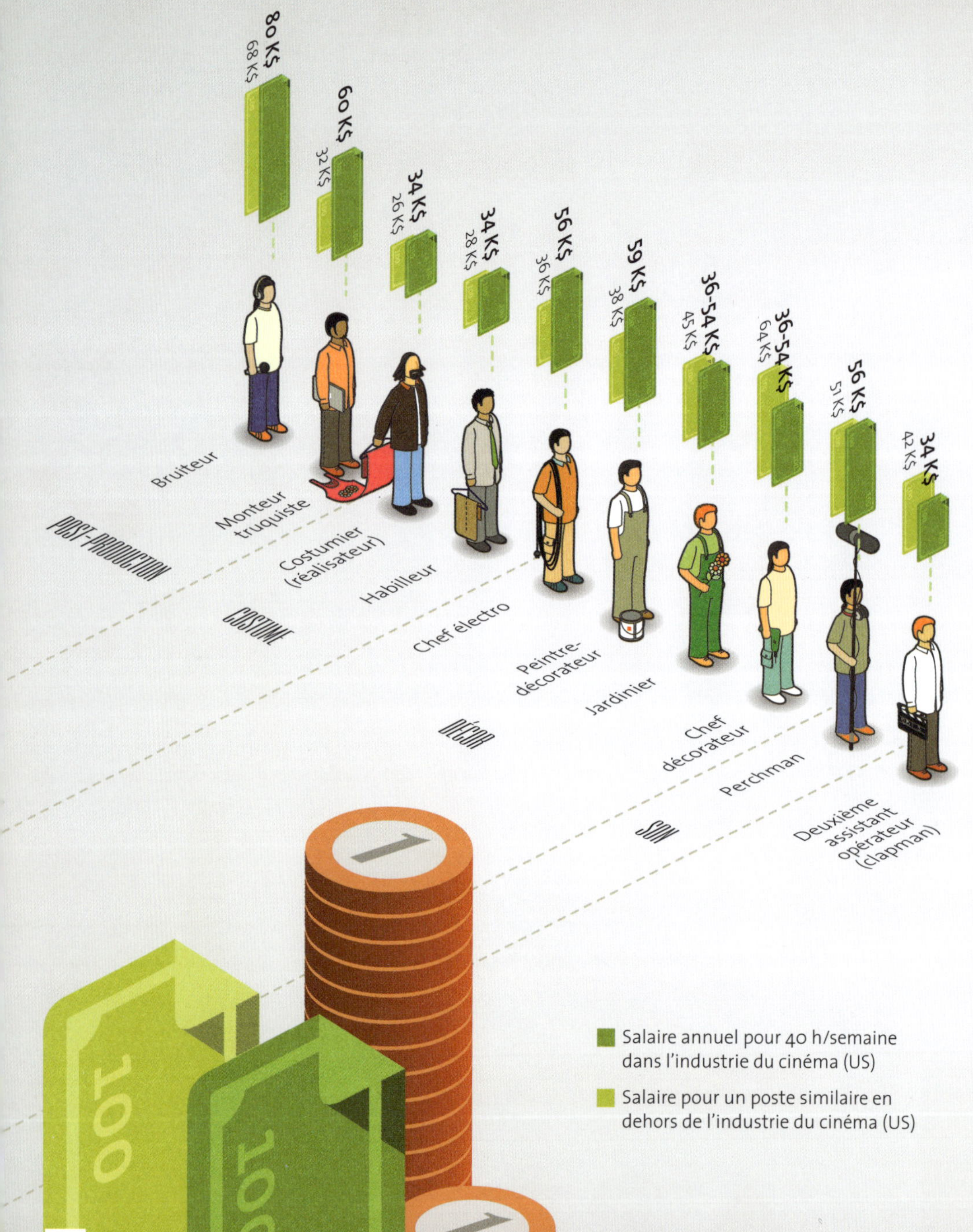

Source : Bureau of Labor Statistics (US) – National Occupational Employment and Wage Statistics (mai 2011)

LES HOMMES DE **L'OMBRE**

Voici une estimation des salaires annuels de tous ces « seconds rôles », parfois méconnus, du 7ᵉ art qui participent eux aussi à la réussite d'un film.

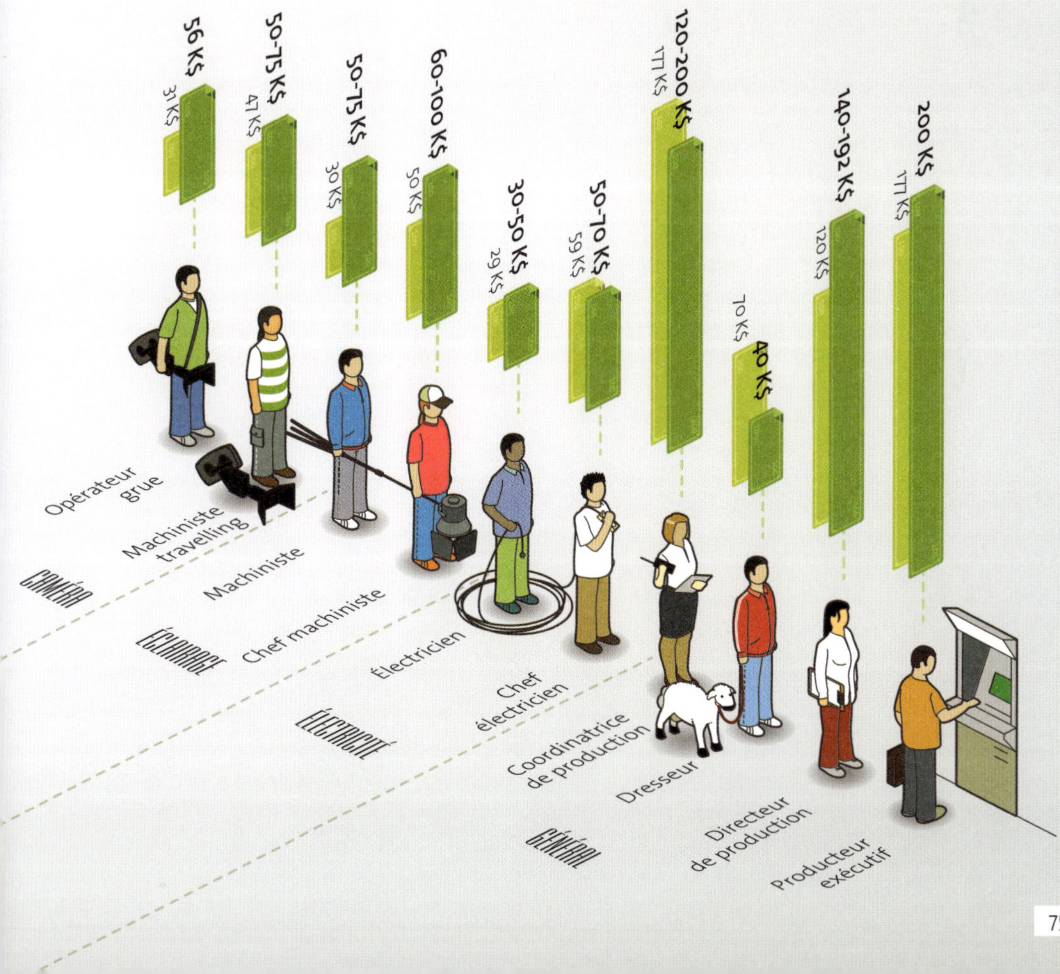

À L'OMBRE DES YEUX DE **TOM CRUISE**

En comparant le nombre de fois où Tom Cruise porte des lunettes de soleil dans ses films et le succès de ces mêmes films au box-office, on observe que moins on voit ses yeux, plus le public l'aime...

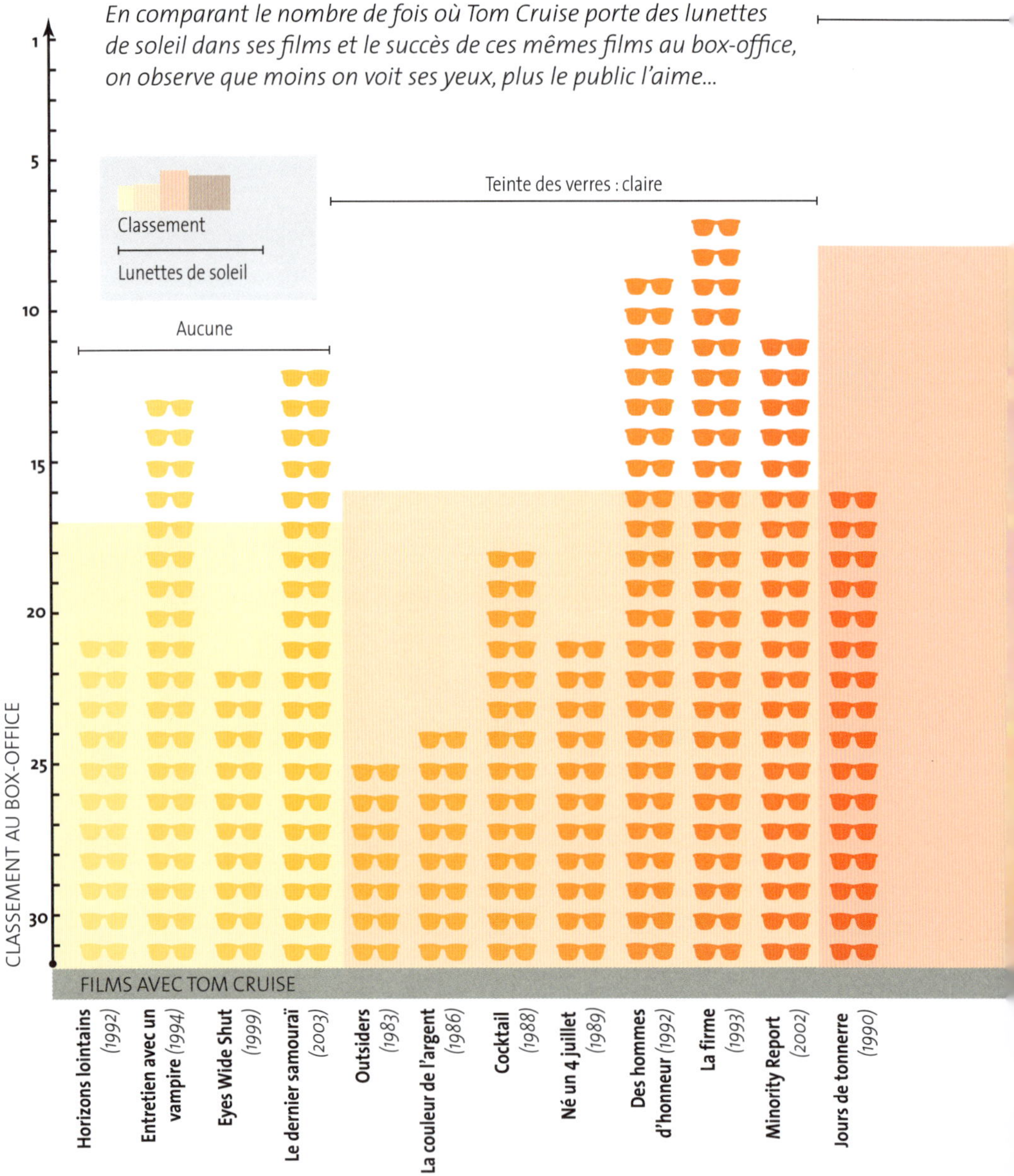

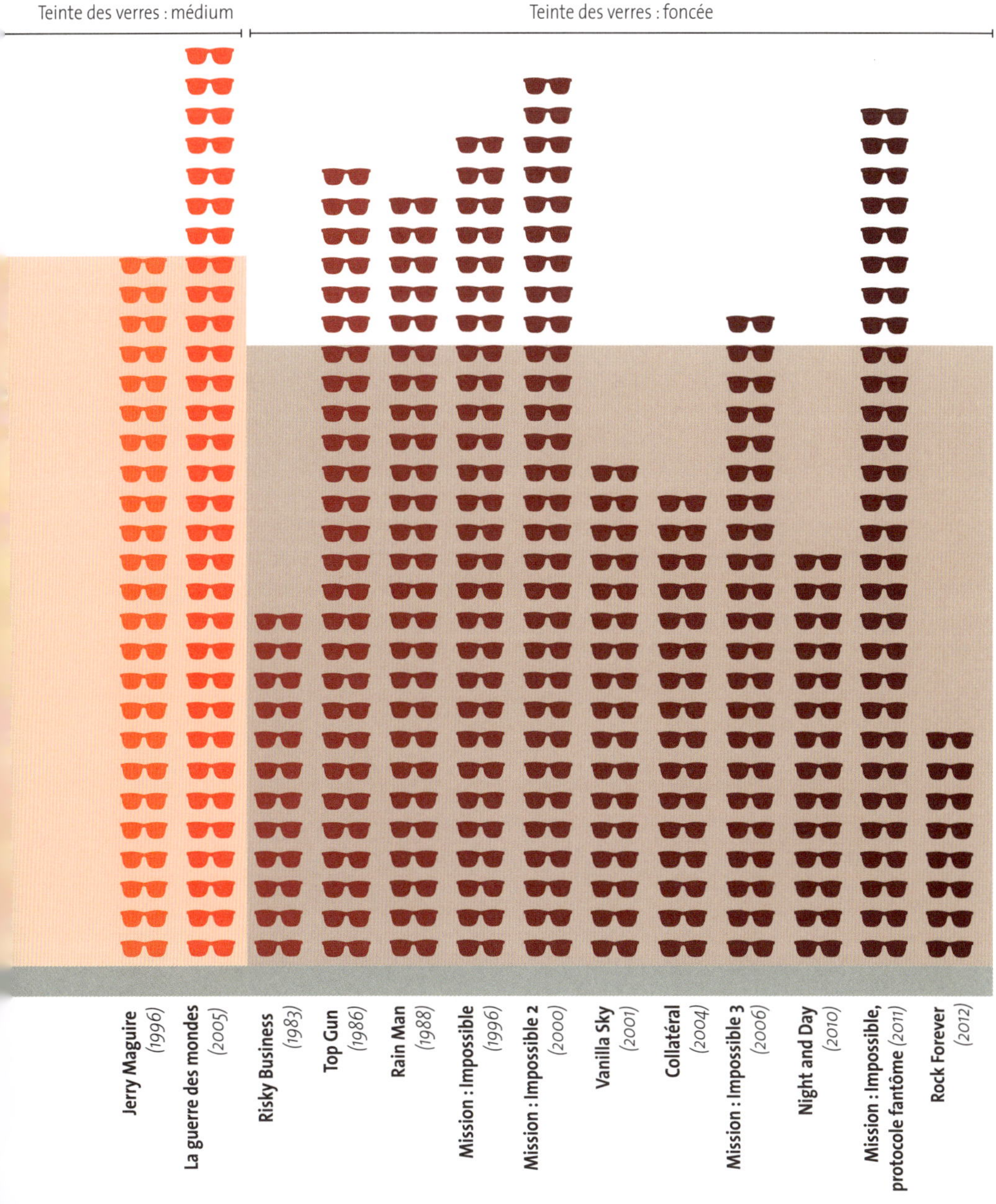

Teinte des verres : médium
Teinte des verres : foncée
Jerry Maguire (1996)
La guerre des mondes (2005)
Risky Business (1983)
Top Gun (1986)
Rain Man (1988)
Mission : Impossible (1996)
Mission : Impossible 2 (2000)
Vanilla Sky (2001)
Collatéral (2004)
Mission : Impossible 3 (2006)
Night and Day (2010)
Mission : Impossible, protocole fantôme (2011)
Rock Forever (2012)

BANDE **ORIGINALE**

Dans un film, la musique occupe une place importante. Pourtant, on prête souvent peu d'attention aux hommes qui la créent (il y a peu de femmes dans ce métier). Voici les 10 meilleurs compositeurs de musiques de films en termes de succès au box-office.

- **1** Hans Zimmer, Allemand
- **2** John Williams, Américain
- **3** James Newton Howard, Américain
- **4** Alan Silvestri, Américain
- **5** James Horner, Américain
- **6** Danny Elfman, Américain
- **7** John Powell, Britannique
- **8** John Debney, Américain
- **9** Howard Shore, Canadien
- **10** Jerry Goldsmith, Américain

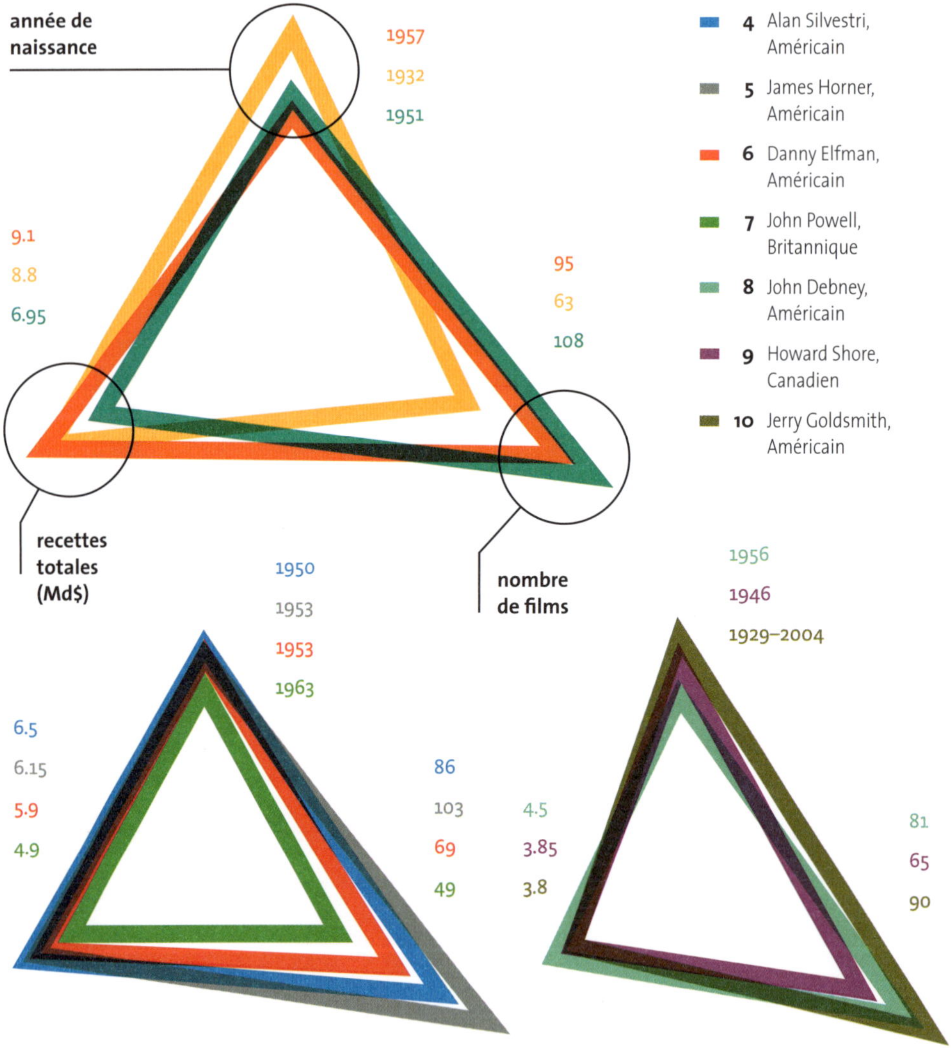

10 FILMS CULTES DES ANNÉES **1990**

Découvrez le film des années 1990 qui se cache derrière chaque image à l'aide de la première lettre d'un mot clé de son titre.

Solutions p. 160

NOT LOST IN TRANSLATION

Les meilleurs films au box-office ne sont pas tous en langue anglaise. Voici quelques films qui ont rencontré un énorme succès dans leur pays d'origine. Certains ont même traversé les frontières.

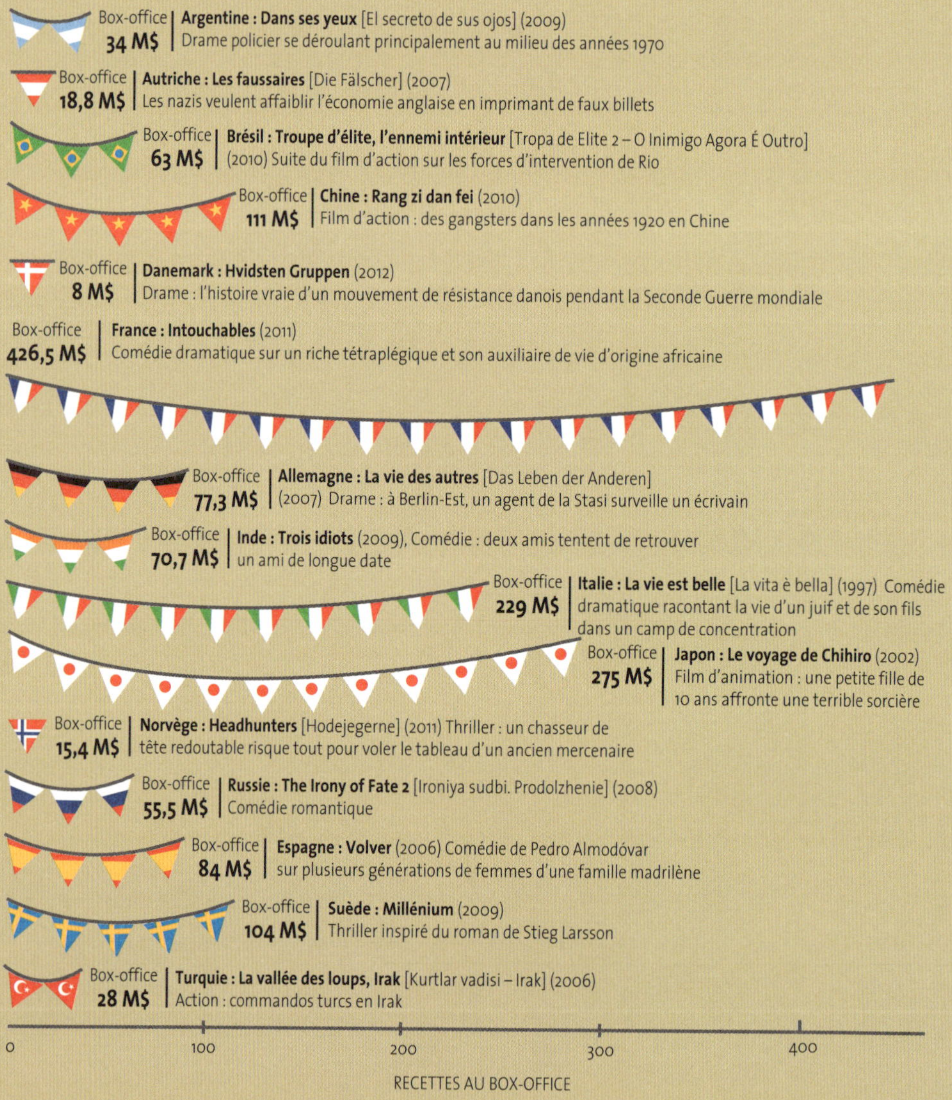

 Source : IMDb (http://www.imdb.com)

ÊTES-VOUS **BEATLES** OU **STONES** ?

Si les Beatles sont le groupe pop-rock le plus populaire de l'histoire de la musique, ils sont peu présents au cinéma (à l'exception de leurs propres films). En revanche, on peut entendre leurs grands rivaux, les Rolling Stones, sur de nombreuses bandes originales de films.

Chansons utilisées dans plus d'un film

BEATLES
- Twist And Shout
- I Want To Hold Your Hand
- I Saw Her Standing There

ROLLING STONES
- Sympathy For The Devil
- Gimme Shelter
- Satisfaction
- Jumpin' Jack Flash
- Wild Horses
- Beast Of Burden
- Can't You Hear Me Knocking
- Street Fighting Man
- Shattered
- Miss You
- Let's Spend The Night Together
- You Can't Always Get What You Want
- Play With Fire
- Let It Loose
- 19th Nervous Breakdown
- Paint It Black
- Time Is On My Side
- Waiting On A Friend

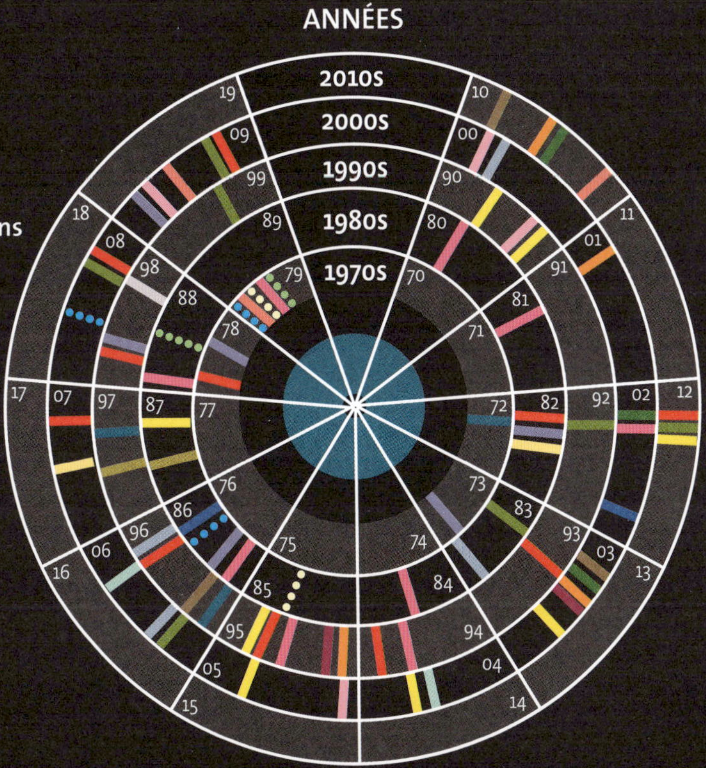

ROLLING STONES **65** CHANSONS DANS **97** FILMS

THE BEATLES **33** CHANSONS DANS **22** FILMS

POPCORN & SODA
VS FRUITS & LÉGUMES

Aux États-Unis, une étude réalisée auprès de trois grandes chaînes de cinéma a révélé que les spectateurs consommaient en moyenne 1 600 calories en regardant un film : 1 200 calories en popcorn, 400 calories en soda. Et si les cinémas vendaient des fruits et légumes ?

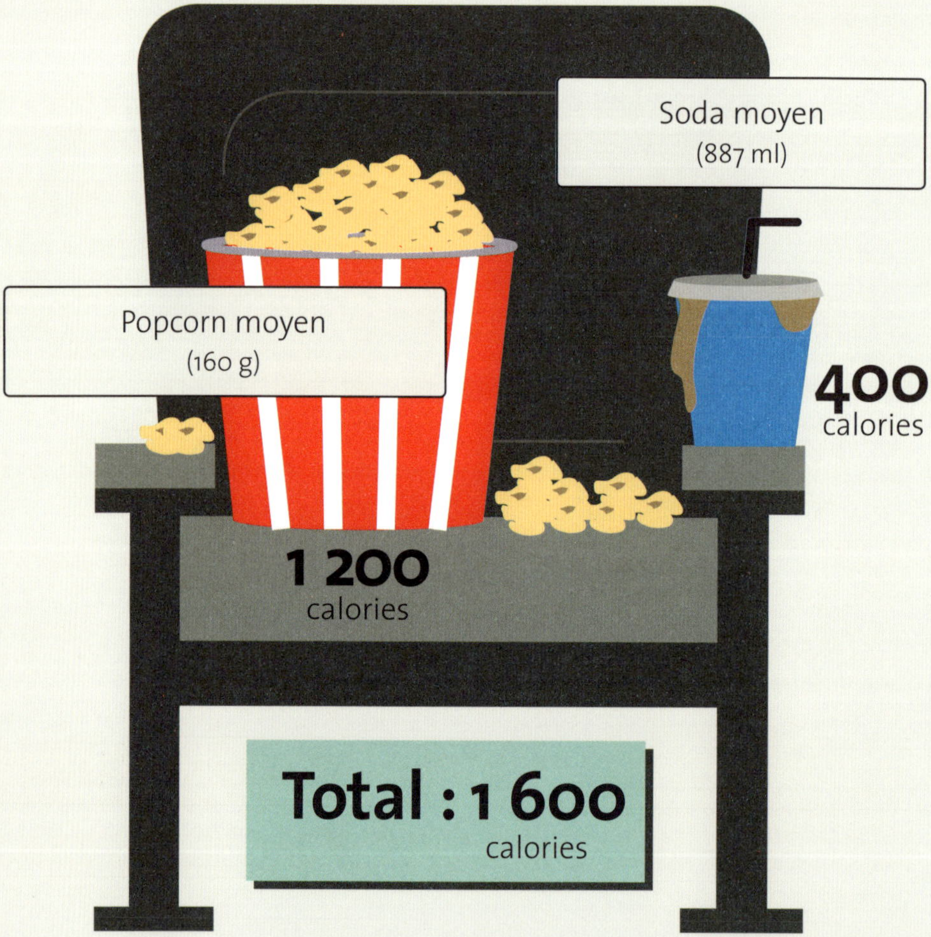

Rapport du Center for Science in the Public Interest, publié dans Nutrition Action Newsletter (2009)

LUCKY LUC (BESSON)

Luc Besson sait trouver les bons filons. Après l'énorme succès des films Taxi *1, 2, 3 & 4 en France et en Europe, le réalisateur, producteur et scénariste a créé* Le Transporteur *1, 2 & 3 pour le marché européen... et américain. Ces deux franchises ont beaucoup de choses en commun.*

Budget (millions $)

Marque de voiture

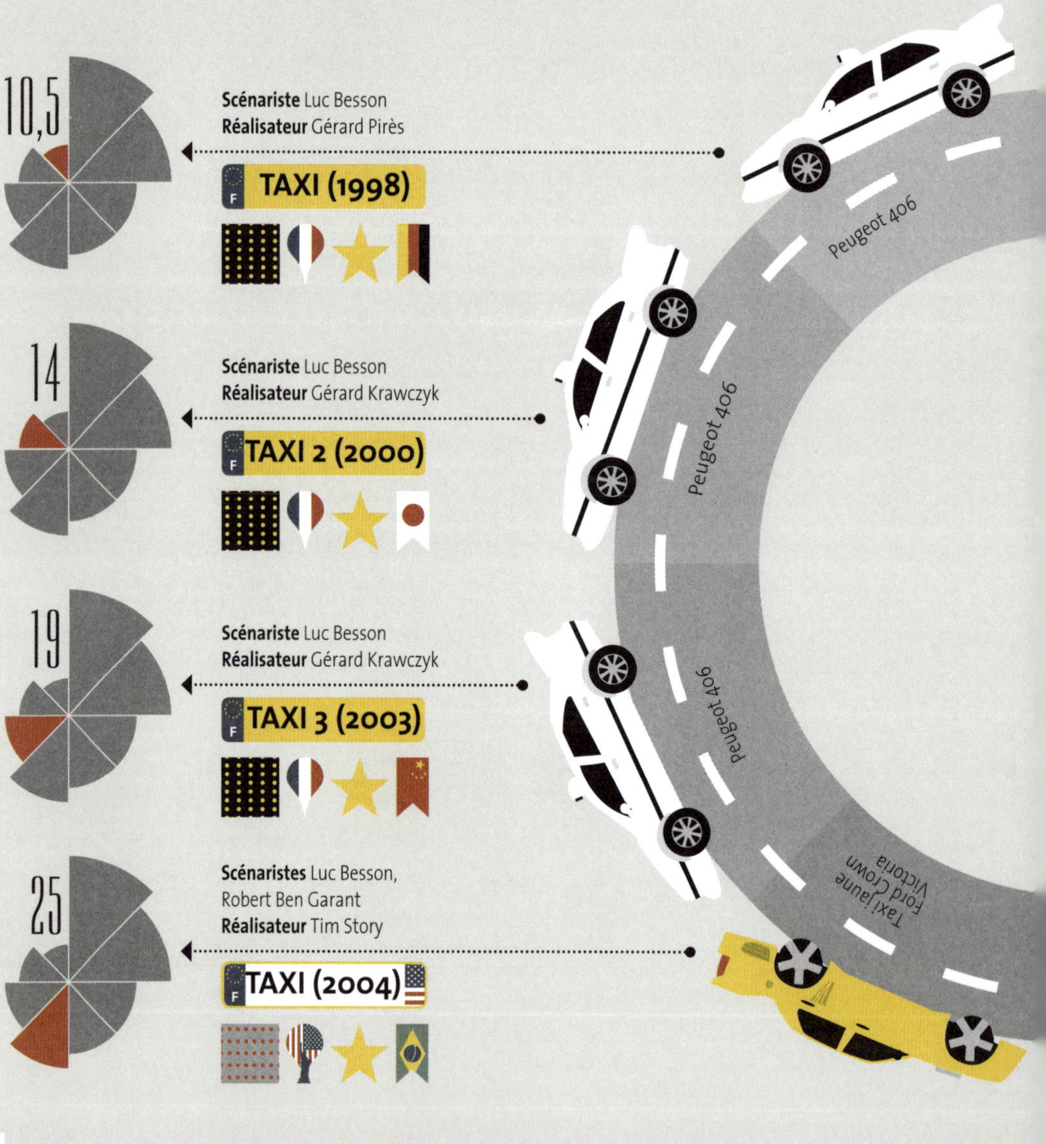

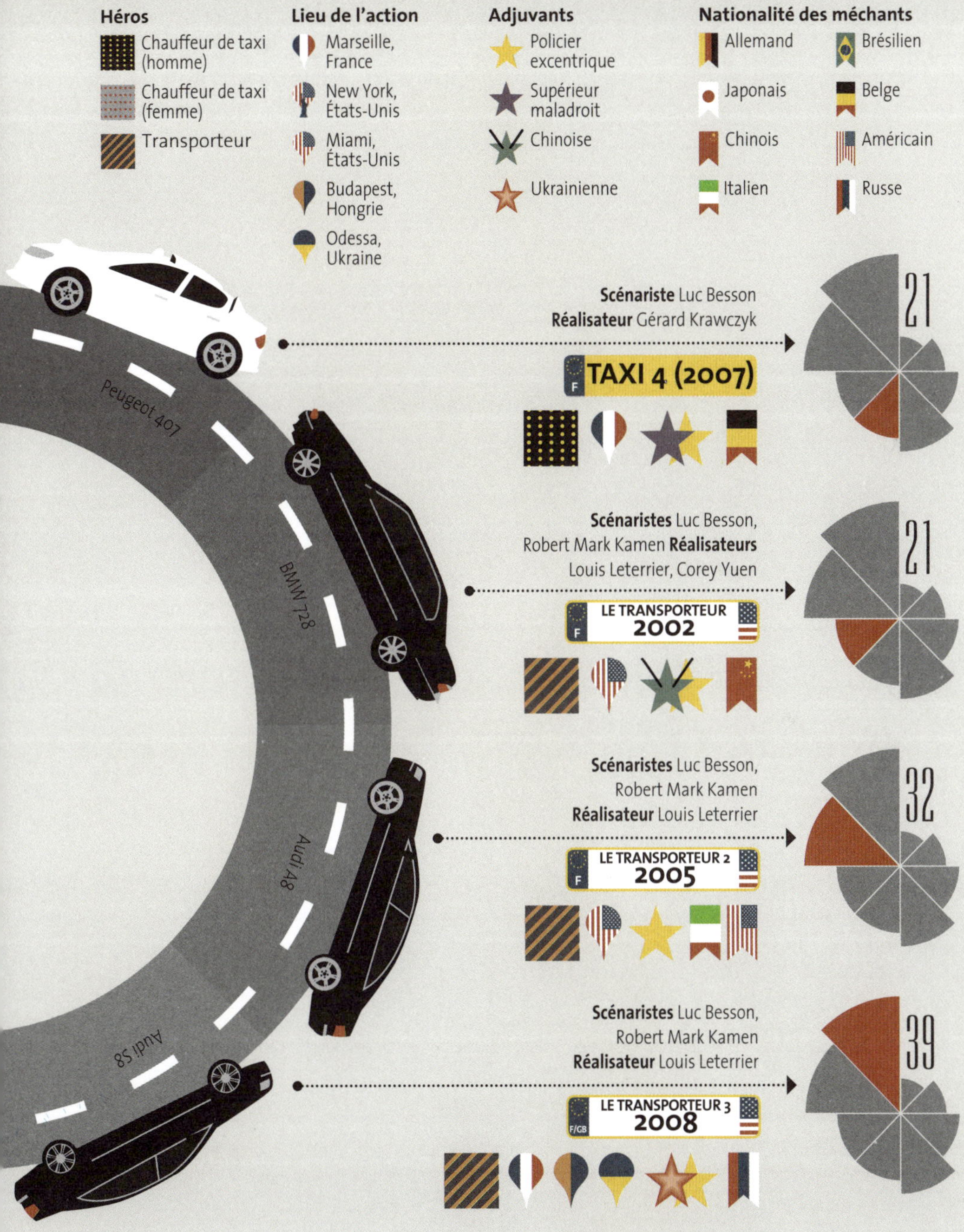
Héros
Chauffeur de taxi (homme)
Chauffeur de taxi (femme)
Transporteur
Lieu de l'action
Marseille, France
New York, États-Unis
Miami, États-Unis
Budapest, Hongrie
Odessa, Ukraine
Adjuvants
Policier excentrique
Supérieur maladroit
Chinoise
Ukrainienne
Nationalité des méchants
Allemand
Brésilien
Japonais
Belge
Chinois
Américain
Italien
Russe
Peugeot 407
BMW 728
Audi A8
Audi S8
Scénariste Luc Besson
Réalisateur Gérard Krawczyk
TAXI 4 (2007)
21
Scénaristes Luc Besson, Robert Mark Kamen Réalisateurs Louis Leterrier, Corey Yuen
LE TRANSPORTEUR 2002
21
Scénaristes Luc Besson, Robert Mark Kamen
Réalisateur Louis Leterrier
LE TRANSPORTEUR 2 2005
32
Scénaristes Luc Besson, Robert Mark Kamen
Réalisateur Louis Leterrier
LE TRANSPORTEUR 3 2008
39

AVEC **CLINT**, ÇA VA COGNER !

Clint Eastwood a joué dans plus de 67 films. Les personnages qu'il interprète sont souvent gravement blessés, mais ne meurent que trois fois : dans Les proies, Honkytonk Man *et* Gran Torino. *Voici un panorama anatomique de ses multiples blessures.*

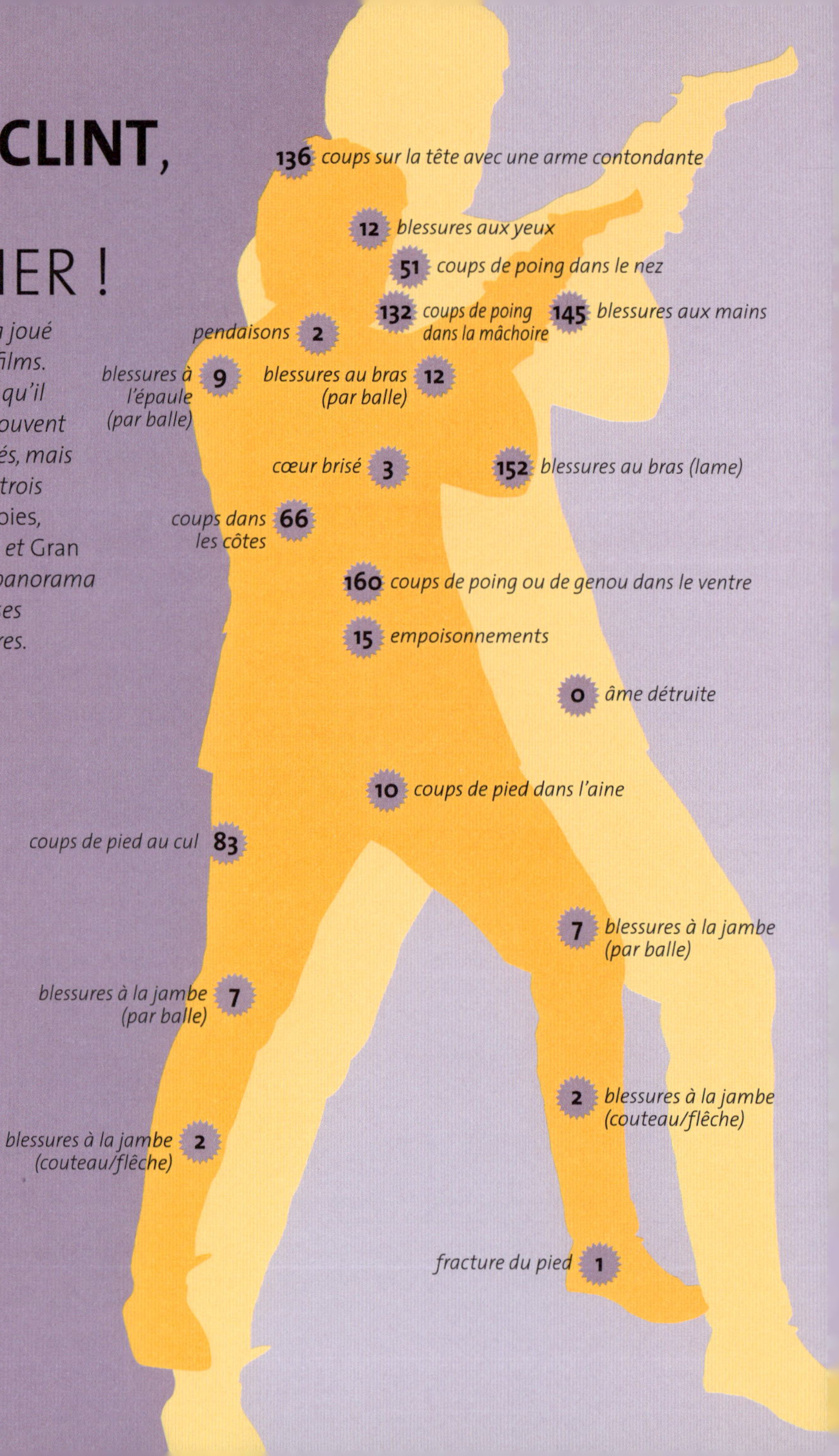

À LA PORTE DU **PARADIS**

Quel est l'âge idéal pour jouer le rôle d'une divinité dans un film ? L'âge moyen est calculé à partir de tous les acteurs qui ont incarné Dieu, Jésus, Zeus ou Elvis dans un film.

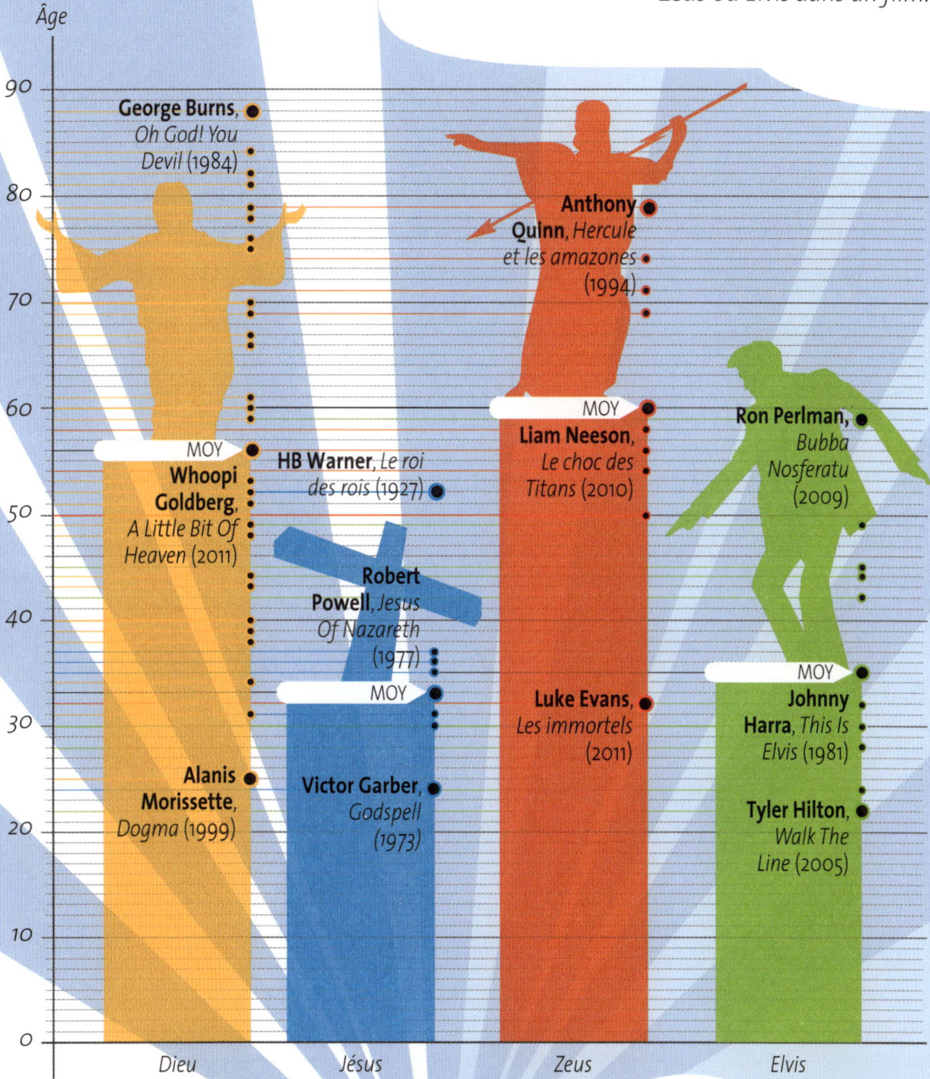

● ACTEUR LE PLUS JEUNE ET LE PLUS ÂGÉ À AVOIR INTERPRÉTÉ LE RÔLE

• AUTRES ACTEURS AYANT INTERPRÉTÉ LE RÔLE

LE **MONOPOLE** DES DISTRIBUTEURS

Entre 1995 et 2012, six sociétés de distribution se sont partagées plus de 75 % du marché cinématographique américain en termes de recettes. À elles seules, elles ont distribué plus de 2 500 films et ont engrangé plus de 144 Md$.

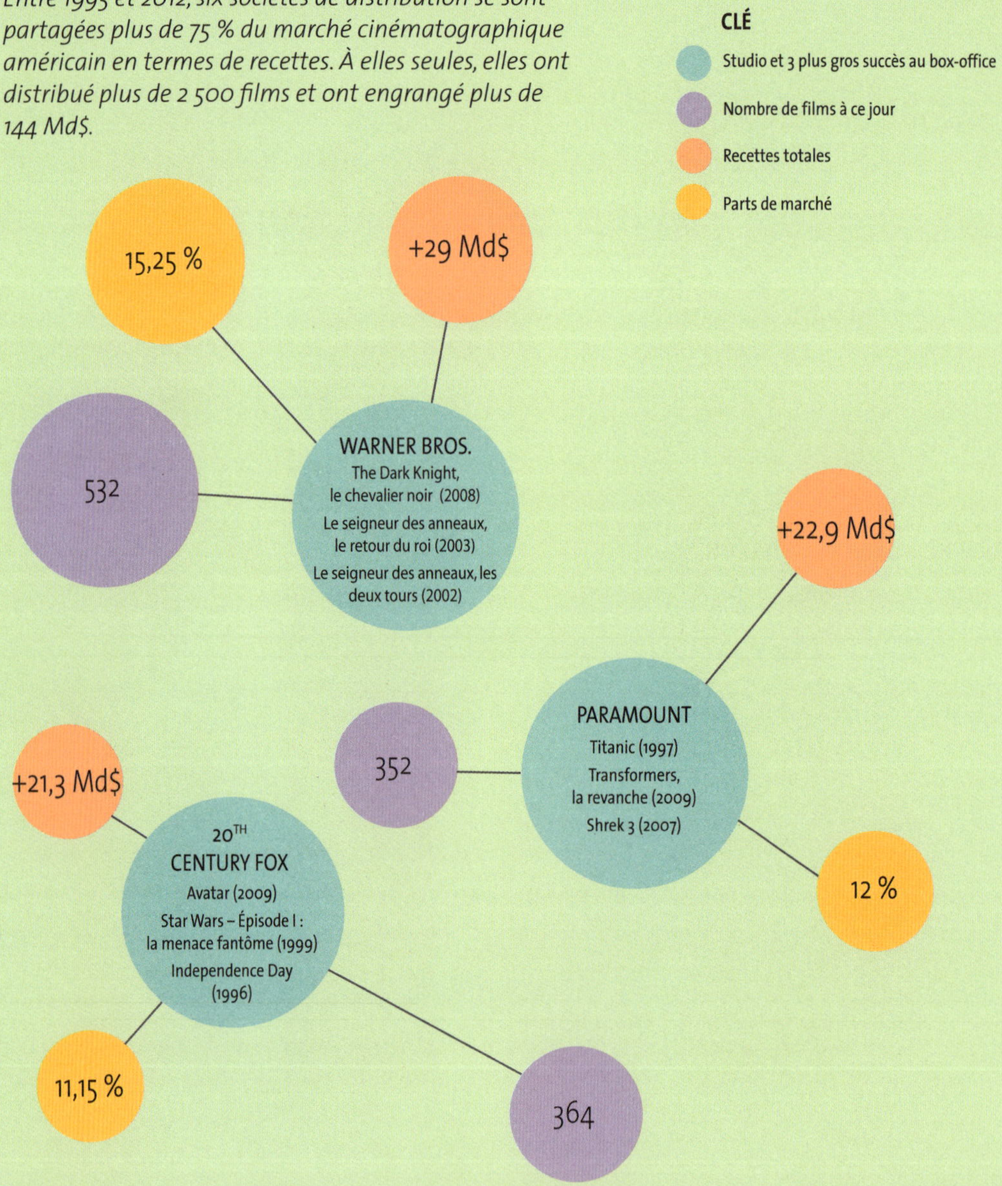

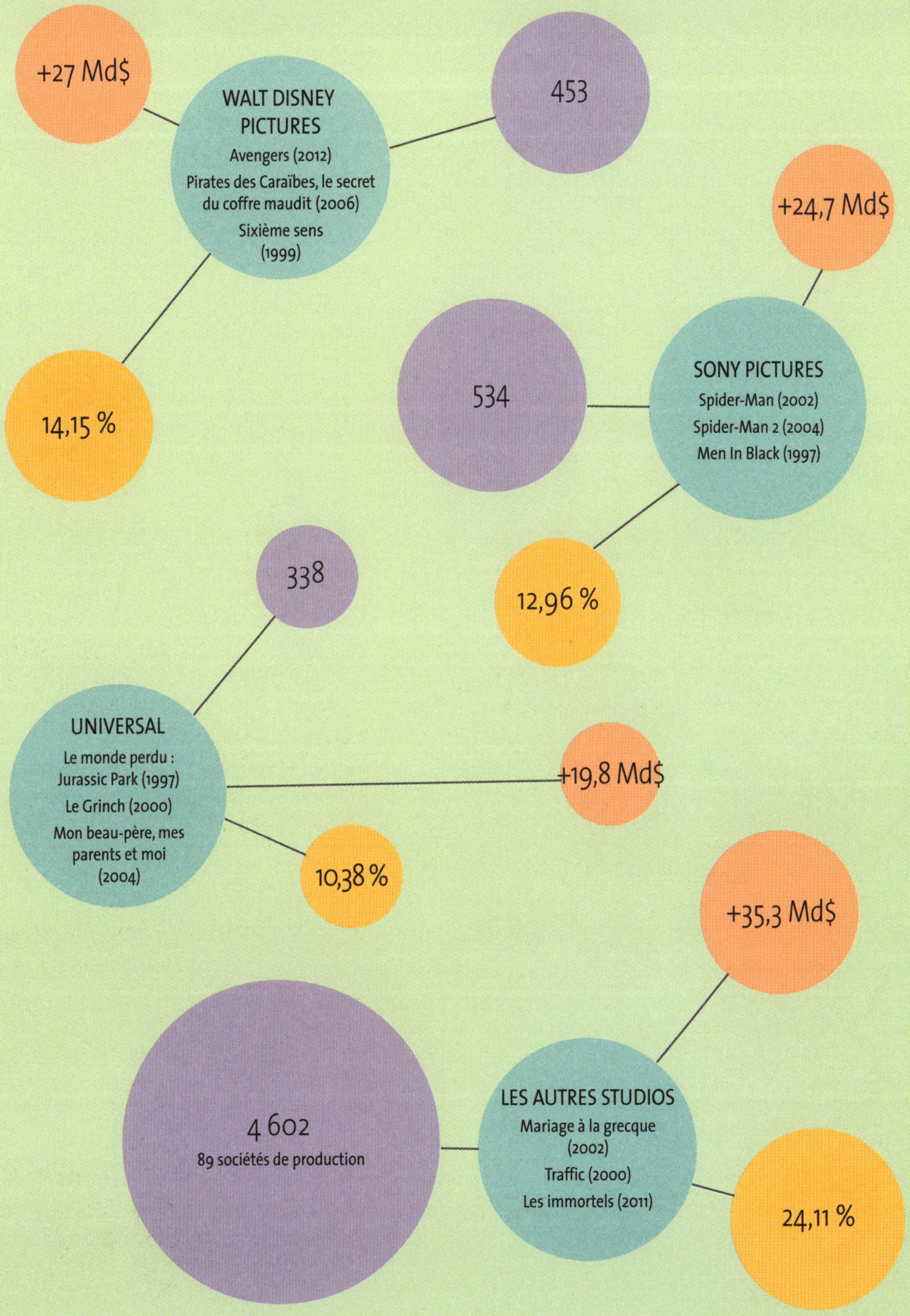

Source : the-numbers.com

ROAD **MOVIE**

Parcourez les États d'Amérique en suivant les héros de quatre road movies cinématographiques : Easy Rider, Cours après moi shérif, Thelma et Louise *et* Sur la route. *Destination... inconnue.*

ONE WAY
4. SUR LA ROUTE (2012)
INTERSTATE
80
Davenport, IA
Pittsburgh, PA
Ashtabula, OH
Columbus, OH
New York, NY
4.
Paterson, NJ
Chicago, IL
3. THELMA ET LOUISE (1991)
INTERSTATE
40
3.
Oklahoma City, OK
Little Rock, AR
Birmingham, AL
Texarkana, AR
Biloxi, MS
Braselton, GA
Lafayette, LA
Morganza, la Nouvelle-Orléans, Krotz Springs, LA
OCÉAN ATLANTIQUE NORD
GOLFE DU MEXIQUE

L'**ESPION** QUI M'AIMAIT

Au début des années 1960, le succès des films de James Bond (basés sur douze romans et deux recueils de nouvelles) a inspiré de nombreux cinéastes pour le petit et grand écran. Les homologues de 007 sont tirés d'une multitude de livres, parfois antérieurs aux films de James Bond, ou directement inspirés de la saga du célèbre espion britannique.

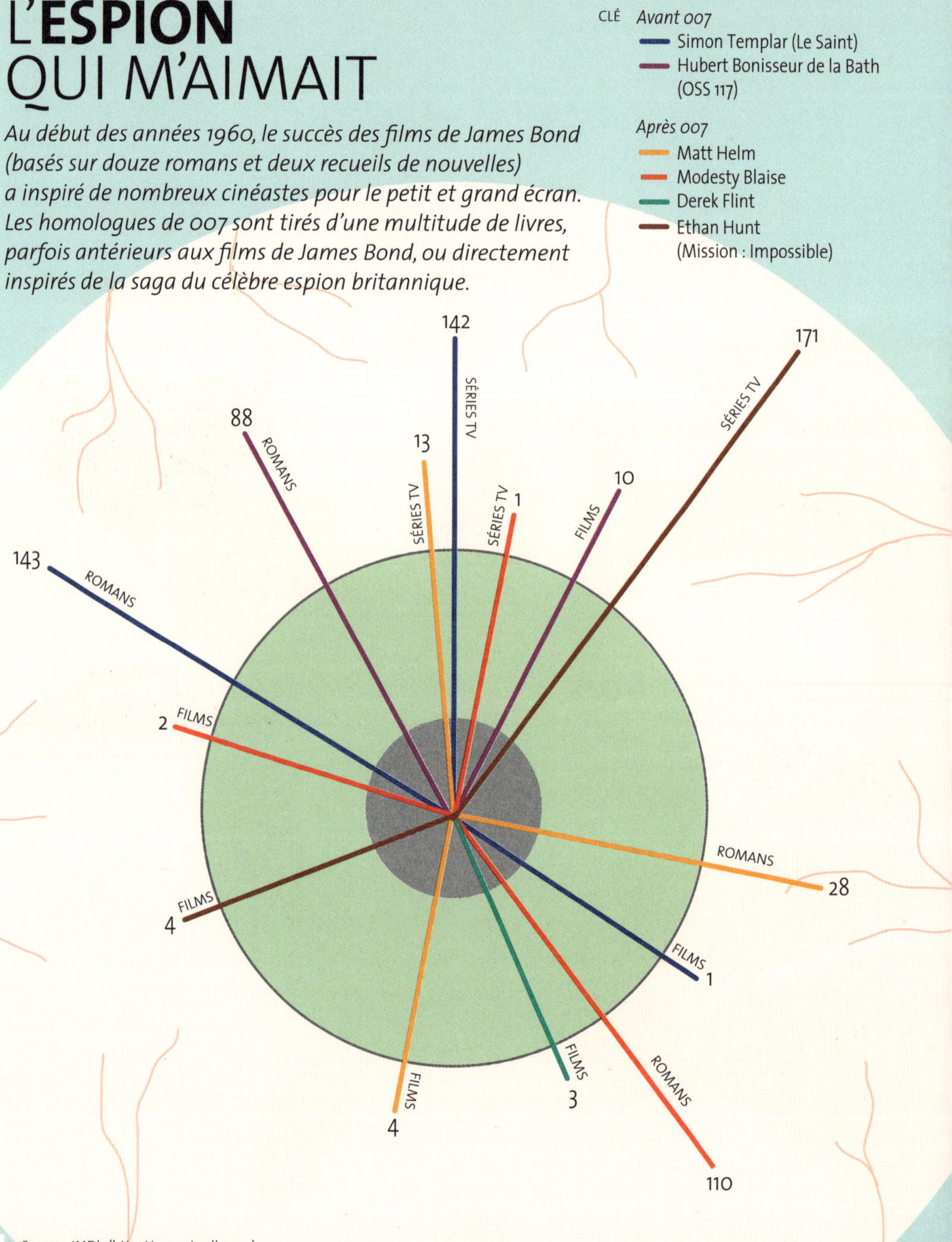

Source : IMDb (http://www.imdb.com)

DANS LA PEAU DU **PRÉSIDENT**

Les présidents américains ont été interprétés à de nombreuses reprises par des acteurs hollywoodiens. Voici ceux qui sont apparus plus de trois fois au cinéma.

George Washington
(1789-1797)

Andrew Jackson
(1829-1837)
★ Charlton Heston (2)

Abraham Lincoln
(1861-1865)
Frank McGlynn Jr. (3)

Ulysses S. Grant
(1869-1877)

Theodore Roosevelt
(1901-1909)
★ Robin Williams

Franklin D. Roosevelt
(1933-1945)
★ Jack Young (4)

Harry S. Truman
(1945-1953)

Dwight Eisenhower
(1953-1961)

John F. Kennedy
(1961-1963)
★ Brett Stimely (2)

Lyndon B. Johnson
(1963-1969)

Richard Nixon
(1969-1974)

Gerald Ford
(1974-1977)

Ronald Reagan
(1981-1989)
★ Jay Koch (3)

George Bush
(1989-1993)

Bill Clinton
(1993-2001)

George W. Bush
(2001-2009)

★ Acteurs ayant incarné un président plus d'une fois

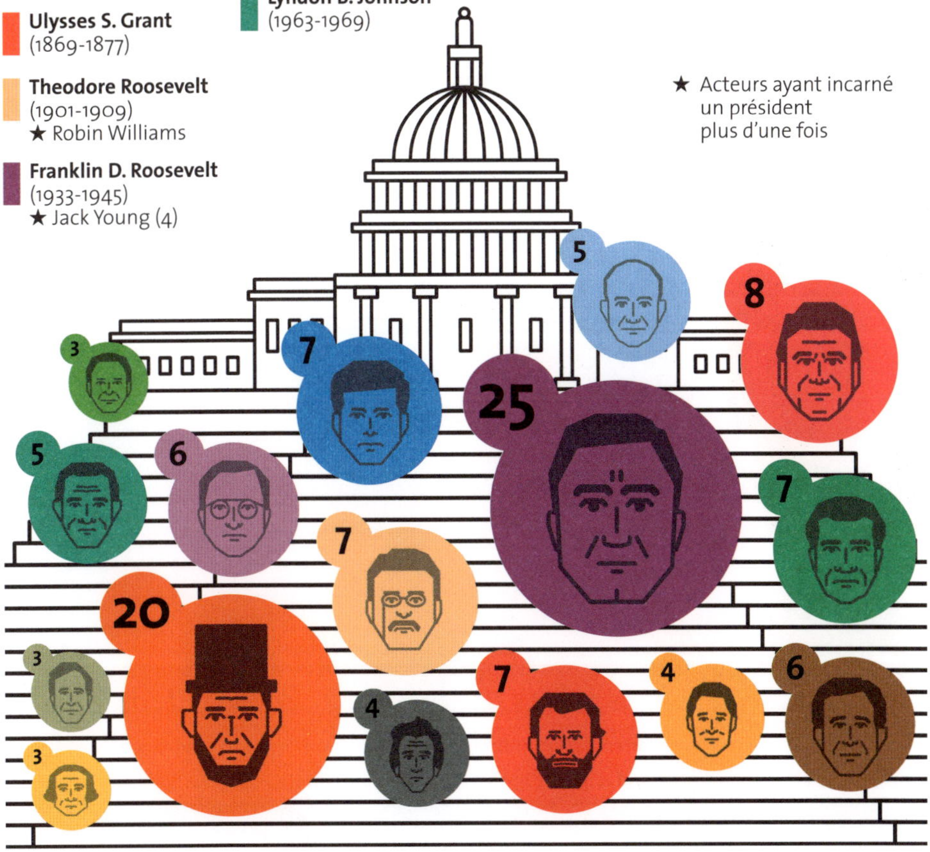

LES ACTRICES STARS DU **BOX-OFFICE**

Ce classement présente les six actrices américaines ayant eu le plus de succès au box-office, par ordre décroissant. Grâce à Avatar *(plus de 760 M$ de recettes), Sigourney Weaver arrive en 5ᵉ position. Katy Bates est 6ᵉ grâce à* Titanic *(659 M$). Sans ces deux films, Cate Blanchett (2 Md$ de recettes au cours de sa carrière) et Anne Hathaway (1,9 Md$) occuperaient respectivement les 5ᵉ et 6ᵉ places.*

Cameron Diaz

* *Shrek 2* (2004)

8

6

13

1

1ère

2,806 Md$

Julia Roberts

* *Ocean's Eleven* (2001)

13

8

17

0

2e

2,504 Md$

Emma Watson

* *Harry Potter et les reliques de la mort – 2ᵉ partie* (2011)

3

0

5

3

3e

2,473 Md$

CLÉ

Recettes du film entre **0-33 M$**

Recettes du film entre **67-299 M$**

Recettes du film entre **34-66 M$**

Blockbusters **(> 300 M$)**

* Le plus gros succès de chaque actrice

Helena Bonham Carter

* *Harry Potter et les reliques de la mort – 2e partie* (2011)

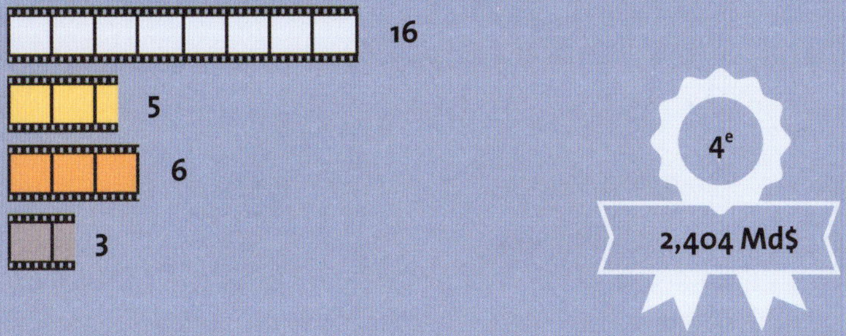

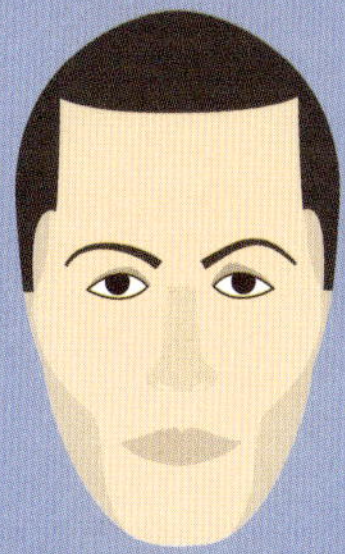

Sigourney Weaver

* *Avatar* (2009)

Kathy Bates

* *Titanic* (1997)

Source : Box Office Mojo

AMIS **IMAGINAIRES**

Cette double page présente les différents types d'amis imaginaires que l'on peut rencontrer au cinéma, et opère quelques rapprochements…

1 Film pour enfant
2 Le personnage principal est écrivain
3 Jeune homme cherchant l'amour
4 Adapté de Stephen King
5 L'acteur principal s'appelle Christian
6 Bande originale : Heartbreak Hotel
1980 Shining
Tony, le doigt qui parle
2010 Le secret de Charlie
Sam St Cloud, joueur de baseball
2009 Dans ses rêves
Kupida et Mopida, les princesses qui dansent
ENFANT
1999 Fight Club
2004 The Machinist
Utile lors d'un combat
2000 Seul au monde
Idéal pour jouer au foot
2004 Fenêtre secrète
Raconte bien les histoires
MEILLEUR AMI
2007 Une fiancée pas comme les autres
Bianca, commandée sur Internet
1993 True Romance
Elvis Presley
1983 Christine
Plymouth Fury rouge
OBJET DE DÉSIR

10 FILMS CULTES DES ANNÉES **2000**

Découvrez le film des années 2000 qui se cache derrière chaque image à l'aide de la première lettre d'un mot clé de son titre.

 Solutions p. 160

FAMILLE MODÈLE ?

La vraisemblance n'a pas toujours sa place au cinéma. Surtout si vous êtes une actrice ou un acteur et que vous devez interpréter le rôle de la mère ou du père de la star du film.

Actrice jouant la mère
Acteur jouant le père
Acteur/actrice jouant le fils/la fille
Différence d'âge entre les acteurs jouant parent et enfant

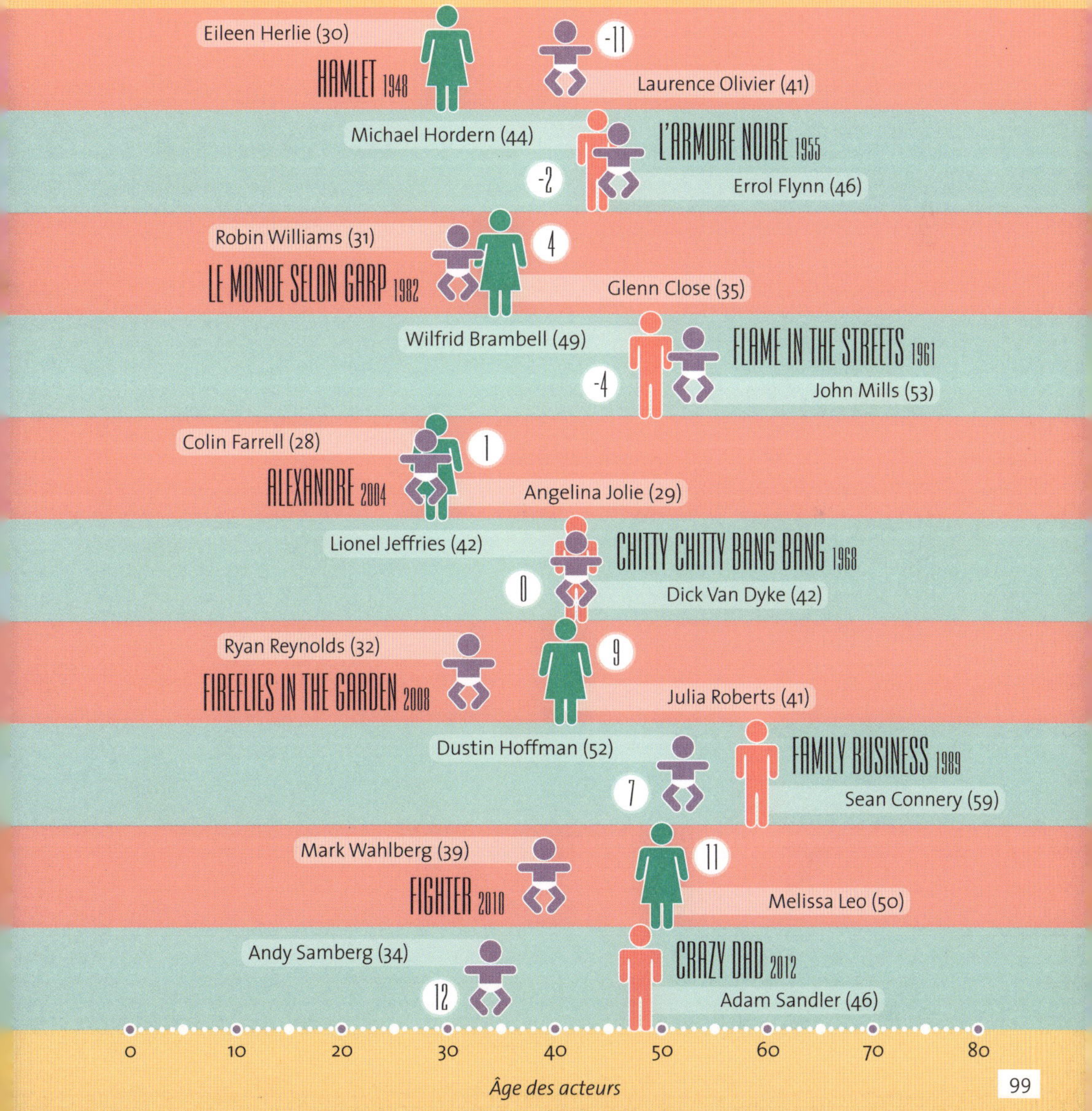

CERTAINS L'AIMENT **CHAUD**

Cette carte des États-Unis permet de localiser les différents films dans lesquels la chaleur fait partie intégrante de l'intrigue.

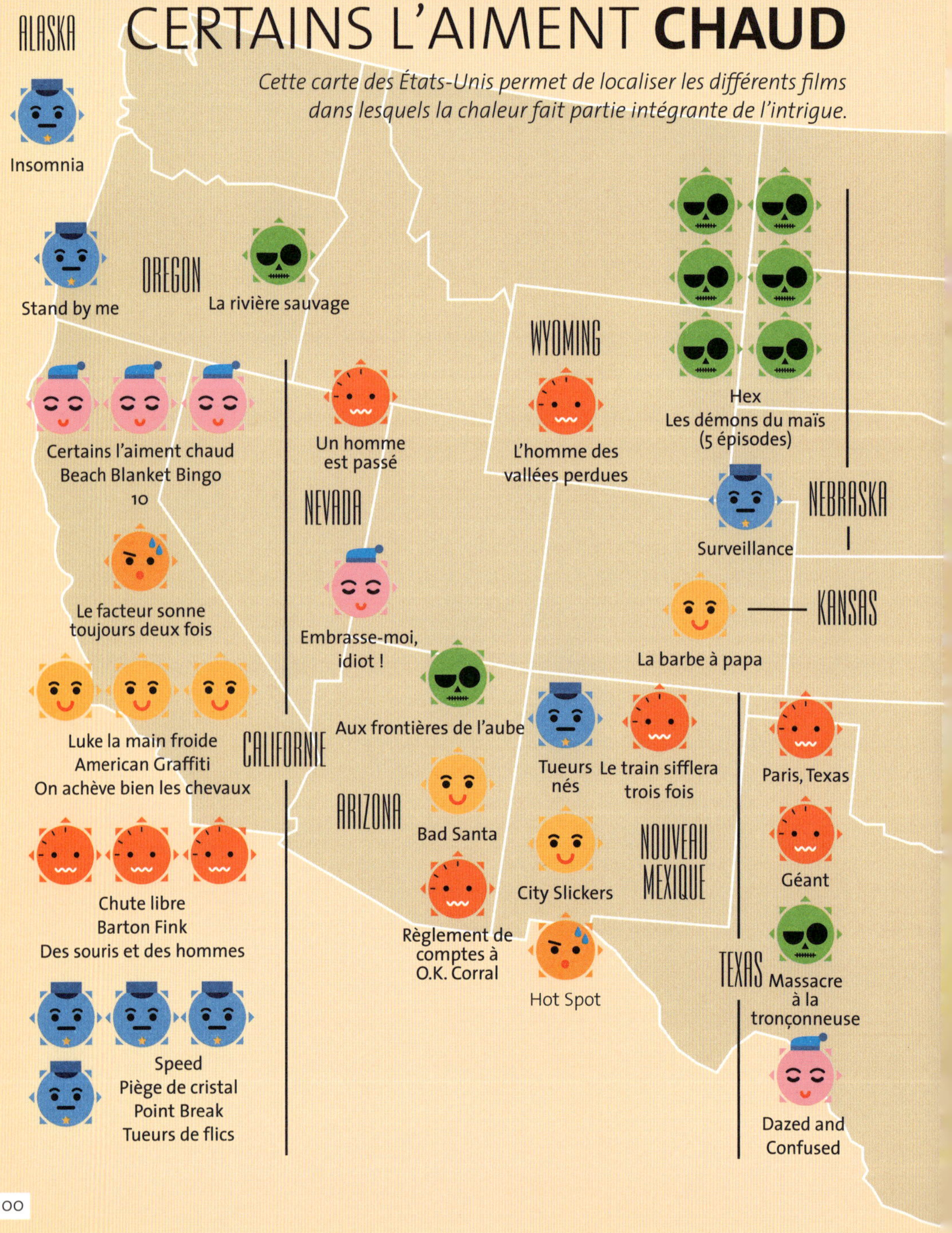

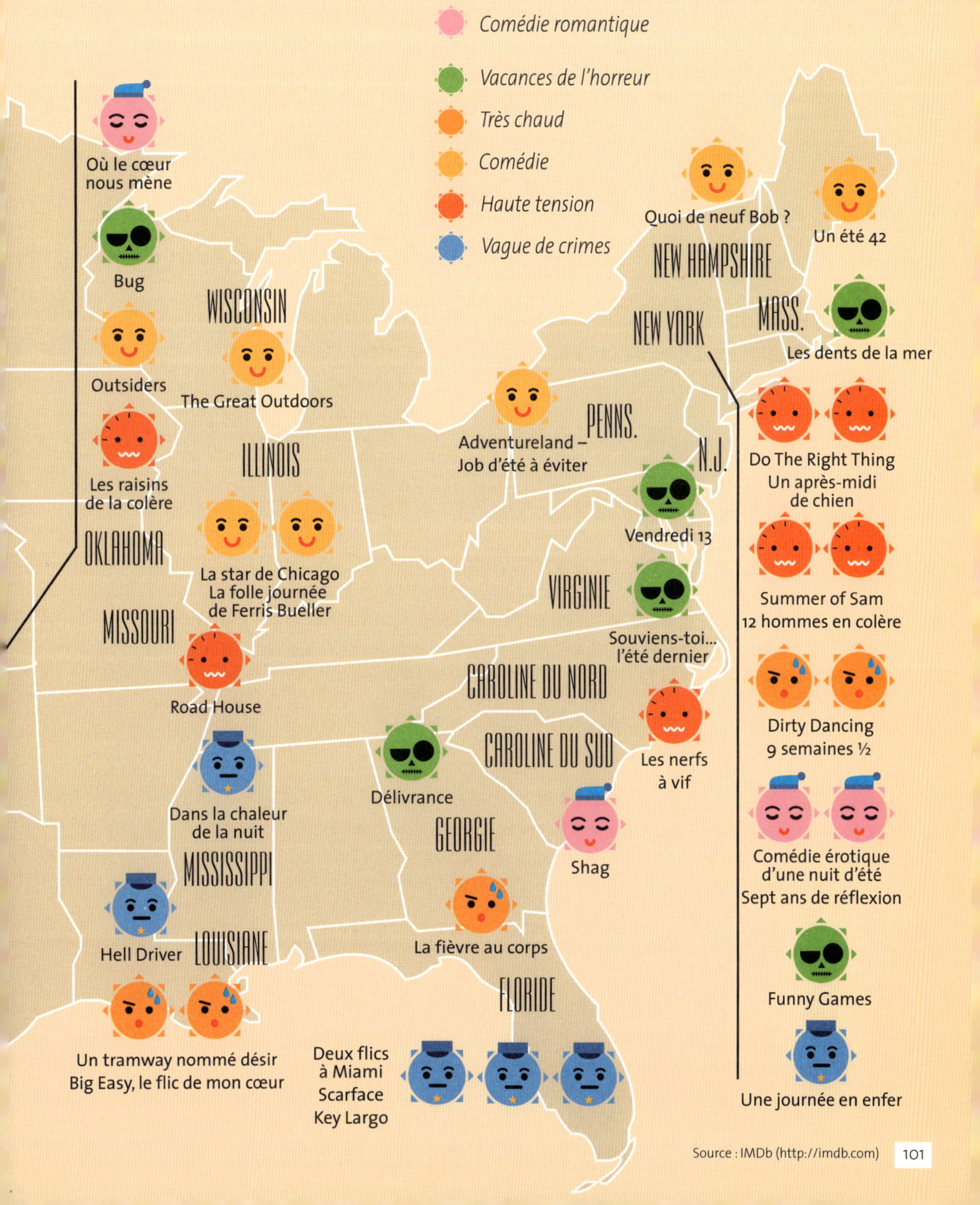

Source : IMDb (http://imdb.com)

FRANCIS **FORD COPPOLA** : UNE VIE EN IMAGES

En 50 ans de carrière, le réalisateur, scénariste, producteur et propriétaire de studio américain a travaillé sur 76 films. Si on lui connait surtout quelques immenses succès, comme la trilogie Le Parrain *ou* Apocalypse Now, *il a participé à de nombreux autres projets.*

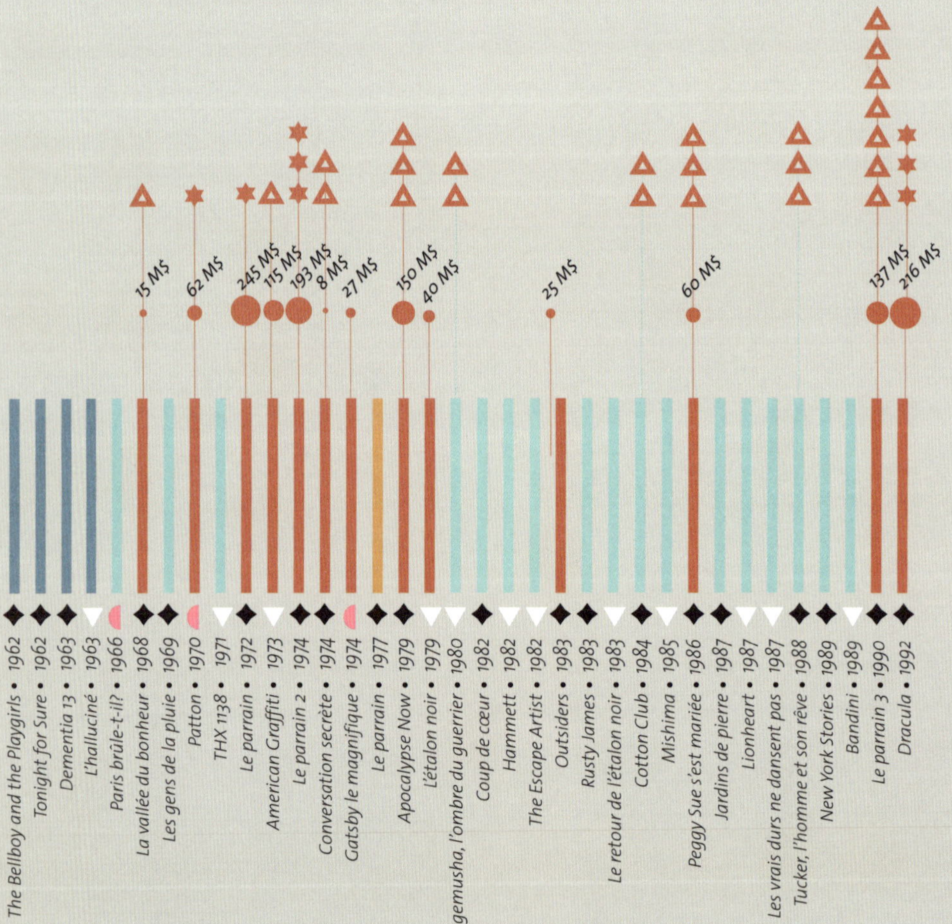

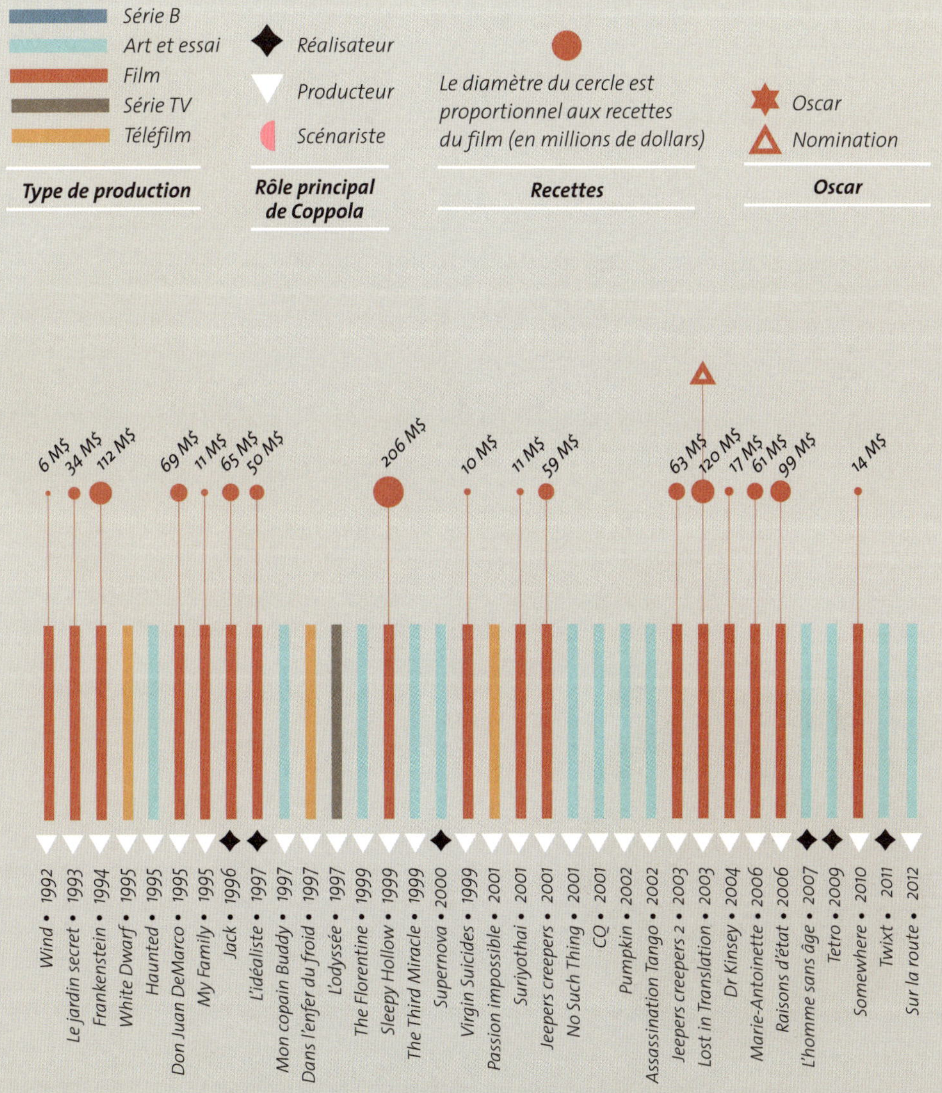

Source : IMDb (http://www.imdb.com)

REMAKE = JACKPOT !

Ces cinq remakes ont rapporté au moins deux fois plus que leur budget initial et bien plus que les films dont ils sont inspirés.

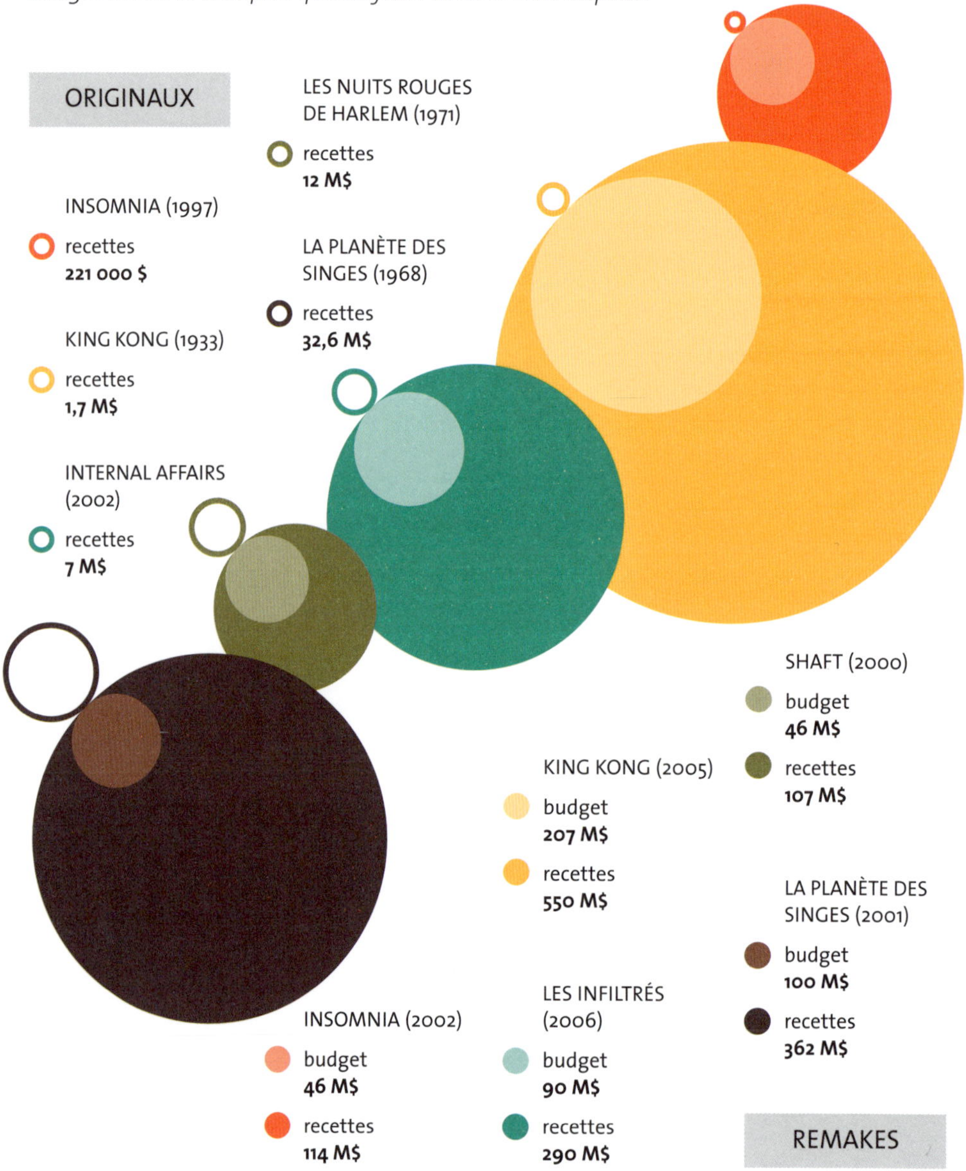

 Source : IMDb (http://www.imdb.com)

REAL **HUMANS ?**

Pas facile d'être convainquant en incarnant un robot au cinéma... Ceux qui y parviennent embrassent souvent une belle carrière (voir Schwarzy). Voici une liste d'acteurs-robots inoubliables et ce qu'ils ont fait après.

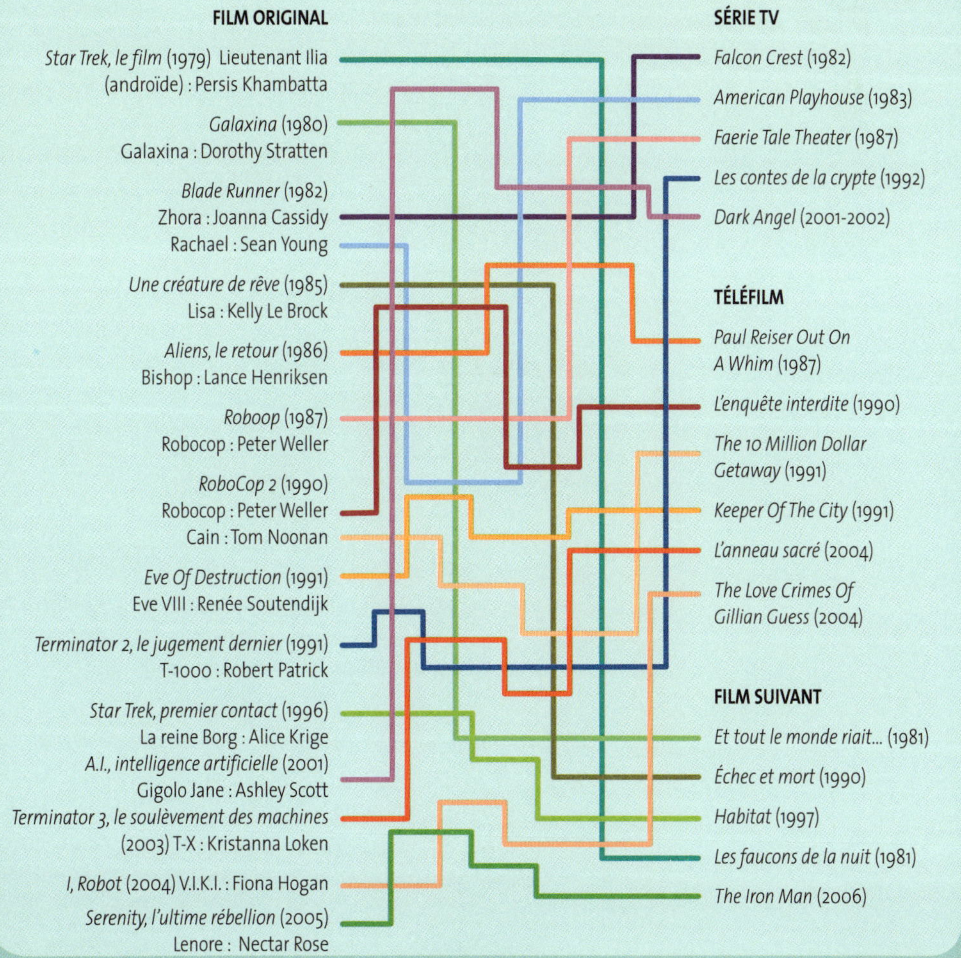

UN **MONDE** DE CINÉMA

Si la taille des pays était proportionnelle au nombre de personnes allant au cinéma pendant un an, la face du monde en serait quelque peu changée... En tête : l'Inde, avec près de 2,9 milliards d'entrées annuelles.

11	*Brésil*	*112,7 M*	**18**	*Malaisie*	*44,1 M*	**25**	*Afrique du Sud*	*26,1 M*
12	*Italie*	*111,2 M*	**19**	*Pologne*	*39,2 M*	**26**	*Égypte*	*25,6 M*
13	*Espagne*	*109,5 M*	**20**	*Turquie*	*36,9 M*	**27**	*Taiwan*	*23,6 M*
14	*Canada*	*108 M*	**21**	*Argentine*	*33,3 M*	**28**	*Belgique*	*22,6 M*
15	*Australie*	*90,7 M*	**22**	*Pays-Bas*	*27,3 M*	**29**	*Singapour*	*22 M*
16	*Philippines*	*65,4 M*	**22**	*Colombie*	*27,3 M*	**29**	*Venezuela*	*22 M*
17	*Indonésie*	*50,1 M*	**24**	*Thaïlande*	*27,1 M*	**31**	*Hong Kong*	*20,1 M*

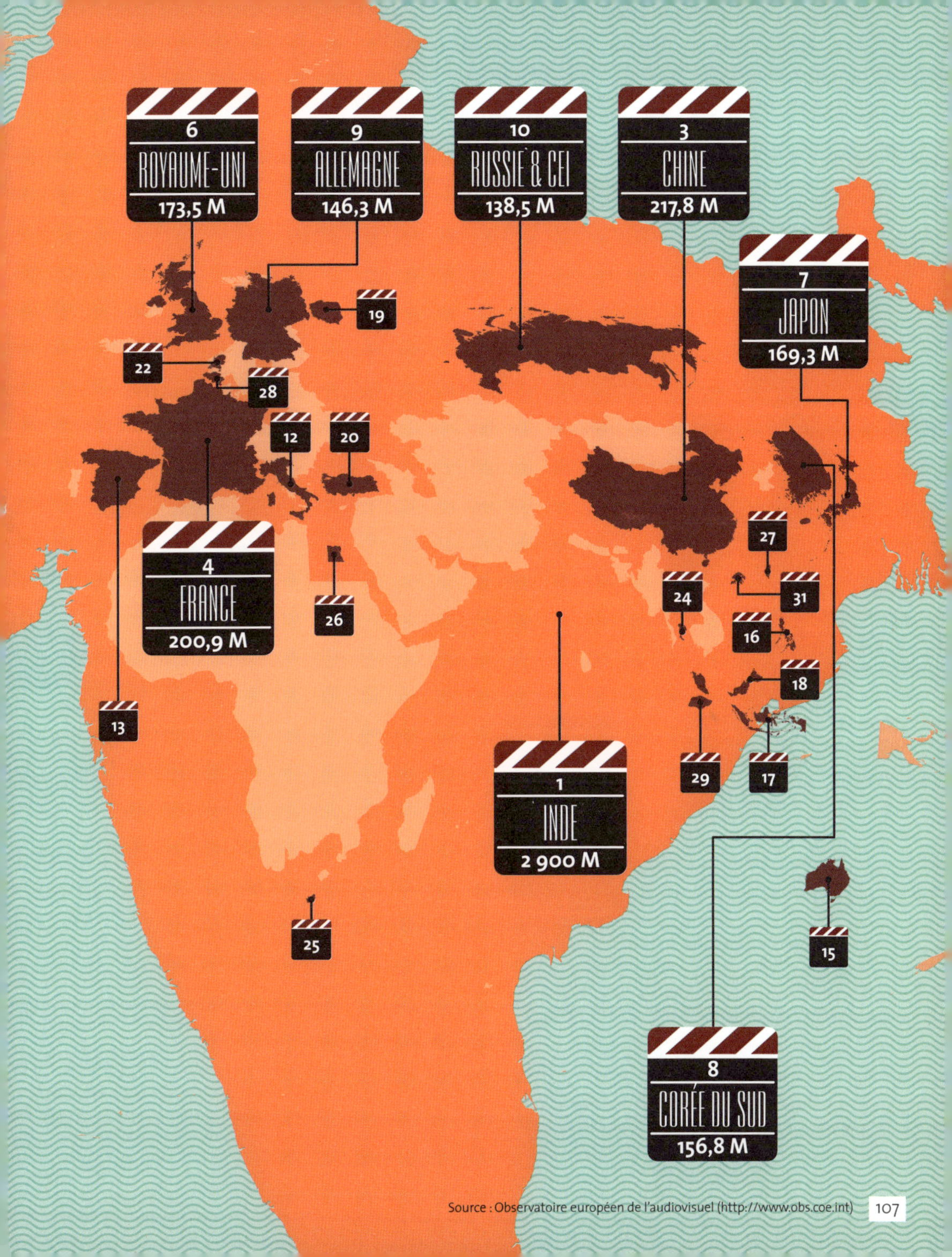

Source : Observatoire européen de l'audiovisuel (http://www.obs.coe.int)

L'**ÉTOILE NOIRE** BRILLE DAVANTAGE

Depuis la saga Star wars, *de nombreuses franchises de films de science-fiction ayant pour thème le voyage dans l'espace ou dans le temps, ont tenté de prendre la tête du box-office. Si certaines ont presque réussi, aucune n'a jamais pu atteindre l'Étoile noire.*

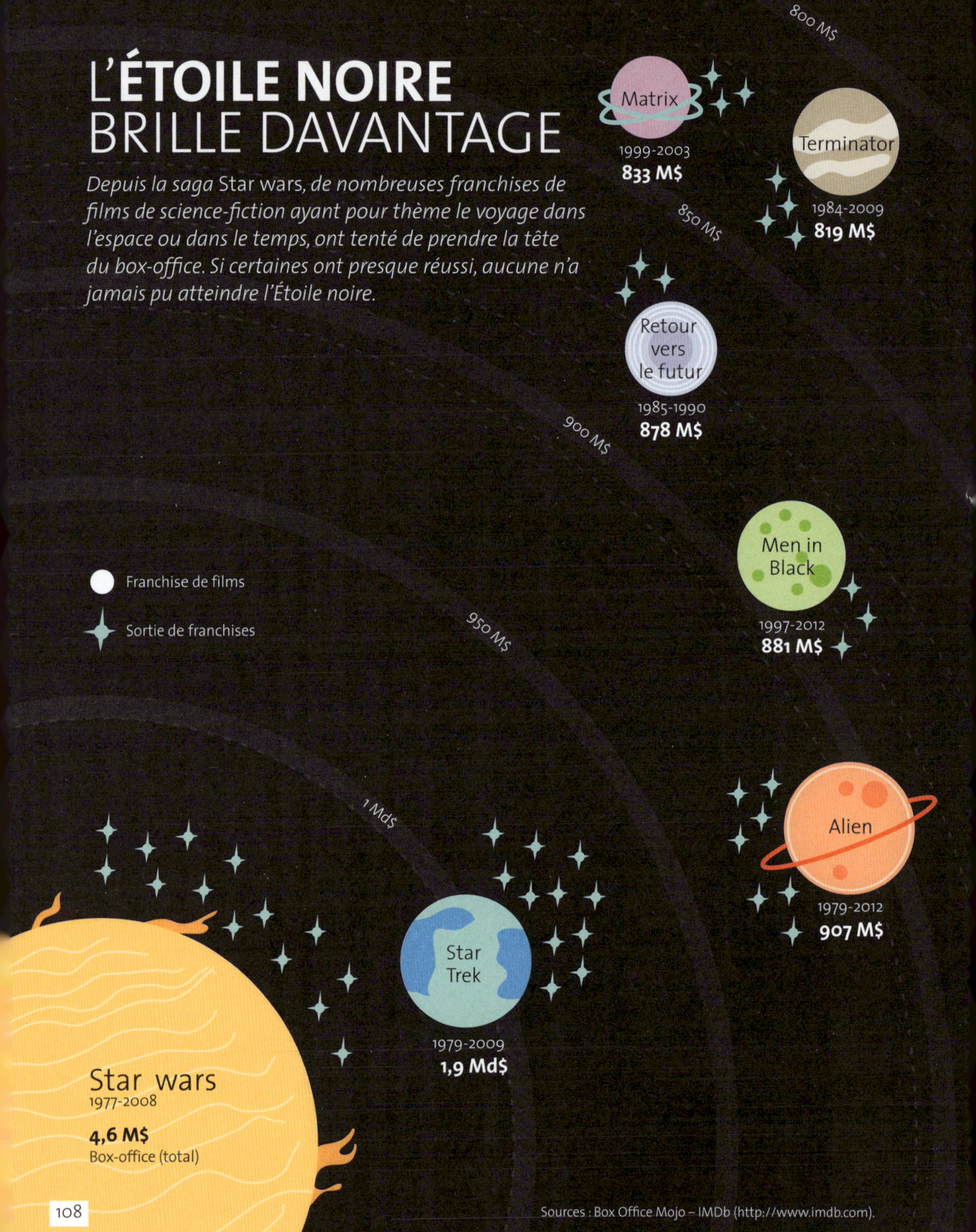

Sources : Box Office Mojo – IMDb (http://www.imdb.com).

HOLLYWOOD, BOLLYWOOD, BEIJING… **OU BIG MAC ?**

À l'instar du célèbre hamburger, l'industrie cinématographique américaine séduit chaque jour des millions de gens à travers le monde. Focus sur la situation du cinéma et des fast-food en Inde, en Chine et aux États-Unis.

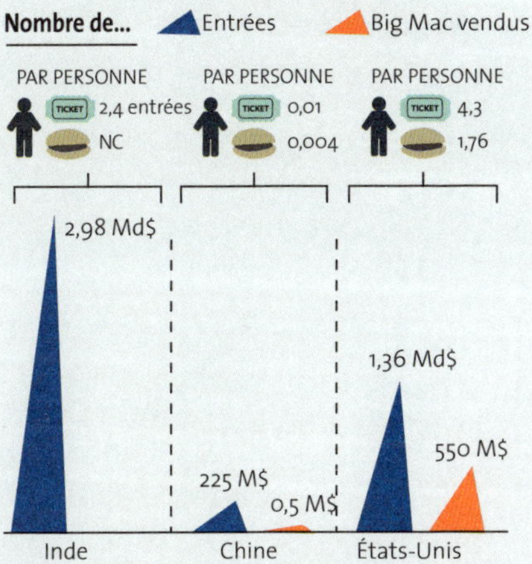

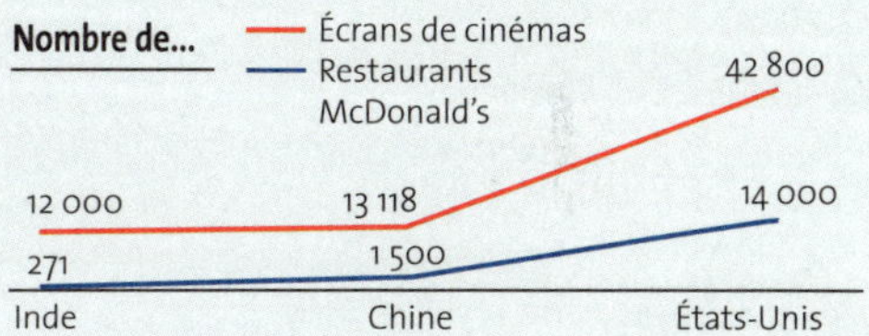

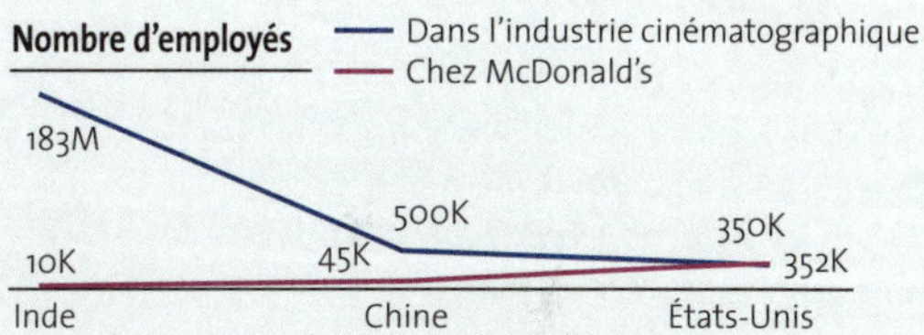

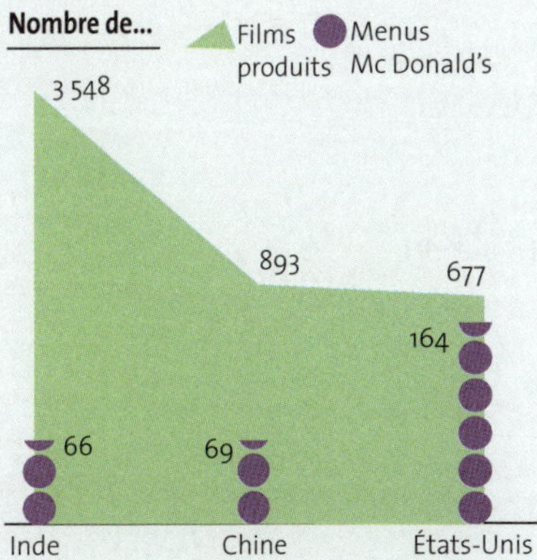

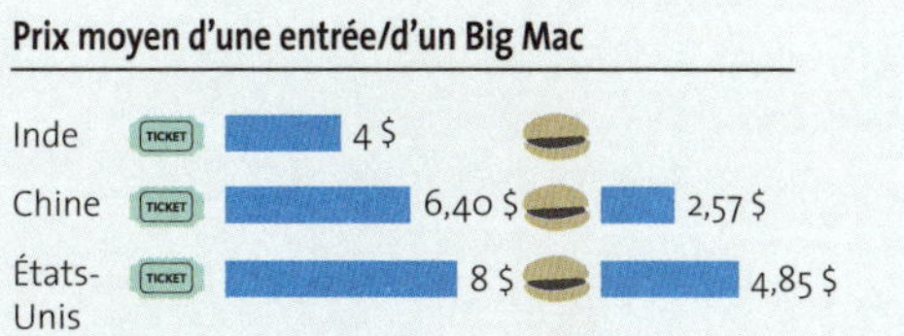

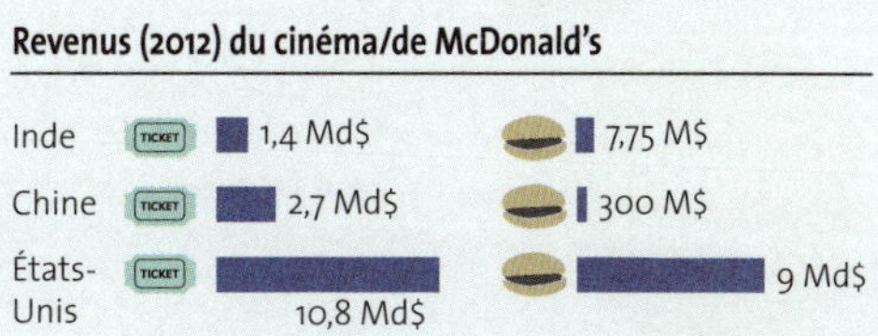

LES SIX DEGRÉS DE **TOM HARDY**

Il est possible, en six films seulement, de relier Tom Hardy à Franz Kafka, Toscanini, Andy Warhol, Thomas Hardy et un chimpanzé prénommé Ham. Et ça ne s'arrête pas là…

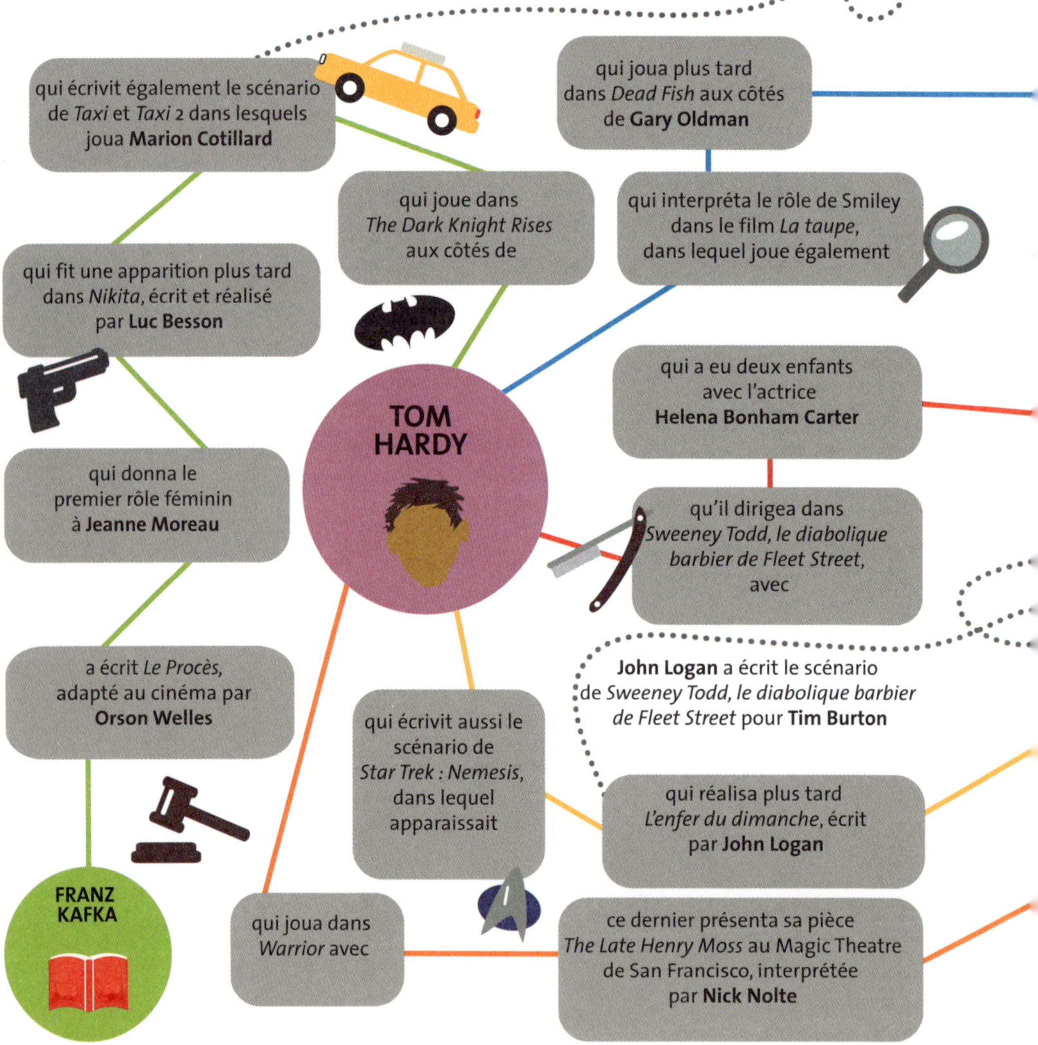

THOMAS HARDY

a écrit le roman *Loin de la foule déchaînée*, adapté au cinéma avec **Julie Christie**

qui avait joué dans *Le Docteur Jivago*

Michael Caine rata son audition pour le premier rôle

et partageait un appartement avec **Terence Stamp**

ARTURO TOSCANINI

dirigea l'Orchestre symphonique de la NBC dans lequel jouait le flûtiste **Carmine Coppola**

qui était le grand-père de **Sofia Coppola**

qui prêta sa voix dans *Frankenweenie*, réalisé par **Tim Burton**

L'arrangement de l'*Adagio pour cordes* de Barber par **Toscanini** fut utilisée dans la bande originale du film *Platoon* d'**Oliver Stone**

ANDY WARHOL

fut le manager du Velvet Underground qui réalisa des performances avec l'actrice et danseuse **Mary Woronov**

qui fit une apparition dans *La reine du mal*, premier film d'**Oliver Stone**

Sam Shepard fut batteur dans le groupe The Holy Modal Rounders qui se produisit avec le Velvet Underground à la fin des années 1960

HAM LE CHIMPANZÉ

fut le premier Américain envoyé dans l'espace et inspira la création de l'USAF *Aerospace Research Pilot School*, dirigée par **Chuck Yeager**

qui était le protagoniste d'un livre écrit par **Tom Wolfe** et intitulé *L'Étoffe des héros*

qui fut adapté au cinéma avec **Sam Shepard** dans le rôle de Yeager

« **JE VOLE**, JACK ! »

Les films vraiment inoubliables contiennent au moins une scène grandiose qui marque à jamais les spectateurs. Et pour être mémorable, cette scène doit répondre à différents critères. Voici une analyse de la scène culte de Titanic *et de ce qui la rend si puissante.*

Montage

La scène est entrecoupée de gros plans de Jack et Rose, insouciants face au danger imminent, qui s'aiment et qui se font confiance. Les plans sur l'océan rappellent le danger au spectateur, tout comme le brouillard enveloppe Bogart et Bergman dans la scène d'adieu de *Casablanca* (1942).

5 récompenses pour le meilleur montage

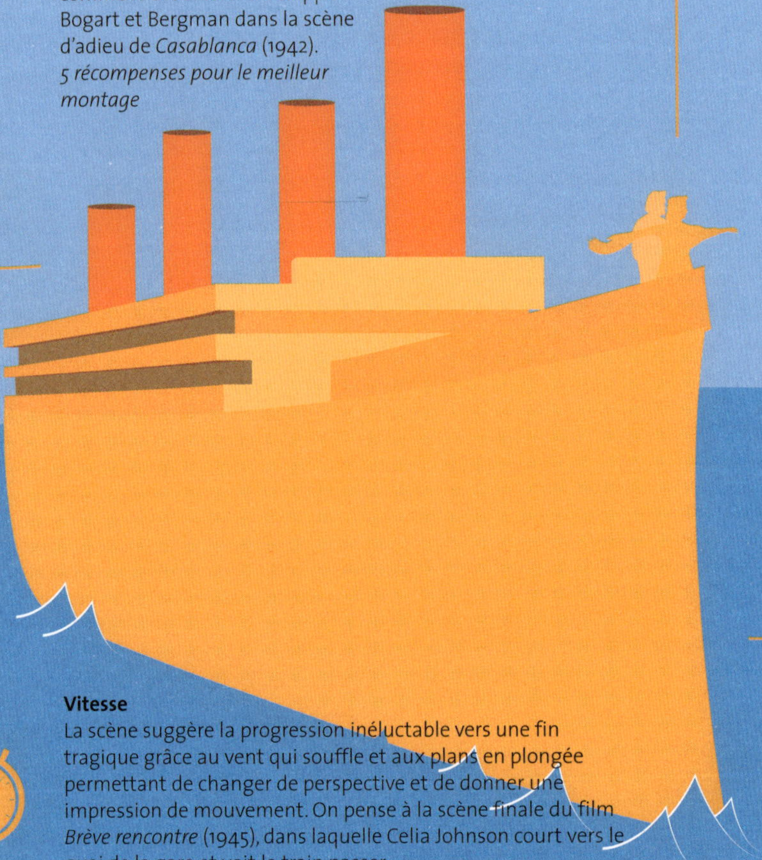

Vitesse

La scène suggère la progression inéluctable vers une fin tragique grâce au vent qui souffle et aux plans en plongée permettant de changer de perspective et de donner une impression de mouvement. On pense à la scène finale du film *Brève rencontre* (1945), dans laquelle Celia Johnson court vers le quai de la gare et voit le train passer.

8 récompenses pour le meilleur son et les meilleurs décors

Émotion

Les deux acteurs jouent une large palette d'émotions, de la retenue à l'audace, passant rapidement de l'hésitation à la confiance et à la joie ; à l'instar de Ryan O'Neal et Ali MacGraw qui expriment la colère puis l'amour en passant par le déni et l'incrédulité dans la scène de demande en mariage de *Love Story* (1970).

6 récompenses pour le meilleur acteur et la meilleure actrice

Couleur

La scène se caractérise par les couleurs vives et intenses du coucher de soleil qui enveloppent Jack et Rose, les projetant dans un monde quasi irréel, avec une charge érotique similaire à celle du coucher de soleil rougeoyant qui illumine le premier baiser de Rhett et Scarlett dans *Autant en emporte le vent* (1939).

9 récompenses pour la meilleure photographie et les meilleurs décors

Composition

La composition de la scène suggère l'immensité, le mouvement, l'émotion et la progression vers une mort imminente, qui contrastent avec l'espoir insouciant et l'amour qu'éprouvent les protagonistes, comme Warren Beatty et Faye Dunaway dans *Bonnie and Clyde* (1967).

27 récompenses pour le meilleur réalisateur et le meilleur film

Coordination

Les vêtements de Jack et Rose révèlent une différence de position sociale et symbolisent un rapport de force (elle lui est « supérieure »). Ce rapport de force est inversé lorsqu'ils se retrouvent tous les deux en équilibre sur la proue du bateau, tout comme dans *Bodyguard* (1992), lorsque Kevin Kostner porte Whitney Houston pour la mettre à l'abri.

4 récompenses pour les meilleurs effets visuels et les meilleurs costumes

Musique

Des cordes harmonieuses crescendo et decrescendo jouent un morceau romantique et élégiaque, comme dans la célèbre scène de la cigarette dans le film *Une femme cherche son destin* (1942).

14 récompenses pour la meilleure musique

L'AMOUR À **PARIS**

Ce plan imaginaire du métro parisien indique les différents lieux où ont été tournées les scènes mythiques de films qui ont marqué ces six dernières décennies et dans lesquels apparaissent ou disparaissent de ravissantes créatures.

ANNA KARINA
Bande à Part
Jean-Luc Godard, 1964
A Scène clé : Odile danse le Madison avec Arthur et Franz

AUDREY TAUTOU
Le fabuleux destin d'Amélie Poulain
Jean-Pierre Jeunet, 2001
D Scène clé : Amélie rencontre Nino dans un sex-shop

MARIA SCHNEIDER
Le dernier Tango à Paris
Bernardo Bertolucci, 1972
B Scène clé : l'appartement où se retrouvent Paul et Jeanne

MAGGIE GRACE
Taken
Luc Besson, 2008
E Scène clé : l'appartement où Kim est enlevée

WILHEMENIA WIGGINS FERNANDEZ
Diva
Jean-Jacques Beineix, 1981
C Scène clé : Jules et Cynthia marchent dans la brume

MARION COTILLARD
Minuit à Paris
Woody Allen, 2011
F Scène clé : Gil est invité à monter dans une voiture rétro

BRUCE WILLIS, LA MORT LUI VA SI BIEN

Bien que Bruce Willis, alias le lieutenant de police new-yorkais John McLane, ait survécu à d'innombrables fusillades, bagarres, coups de couteau et explosions dans les cinq opus de la saga Die Hard, *il est mort 13 fois au cours de sa carrière d'acteur.*

Charlie's Angels, les anges se déchaînent (2003) Tué d'une balle dans la tête

Planète terreur (2007) Tué par balle après avoir été infecté par un zombie

Billy Bathgate (1991) Noyé par la mafia

Pensées mortelles (1991) Égorgé avec un cutter

Le chacal (1997) Tué d'une balle par une terroriste basque

Mission évasion (2002) Tué par balle par le commandant nazi d'un camp de prisonniers de guerre

L'armée des douze singes (1995) Tué par balle par un agent de sécurité – un jeune garçon, qui n'est autre que lui-même, le regarde mourir

Sin City (2005) Tué d'une balle dans le dos

Sixième sens (1999) Tué d'une balle dans le ventre par un patient en psychiatrie

Sans issue (2012) Tué d'une balle dans le dos par un sniper

Armageddon (1998) Reste sur l'astéroïde qui explose

Looper (2013) Renvoyé dans le passé, se fait tuer par son double plus jeune, supprimant ainsi le futur Bruce

La mort vous va si bien (1992) Meurt de vieillesse

MORT DE BRUCE WILLIS À L'ÉCRAN

- *Noyé*
- *Égorgé*
- *Tué par balle*
- *Dans une explosion*
- *De vieillesse*

LES **ACTEURS** SONT DES **ACTRICES** COMME LES AUTRES

Le travestissement au cinéma : les plus grands succès enfin dévoilés.

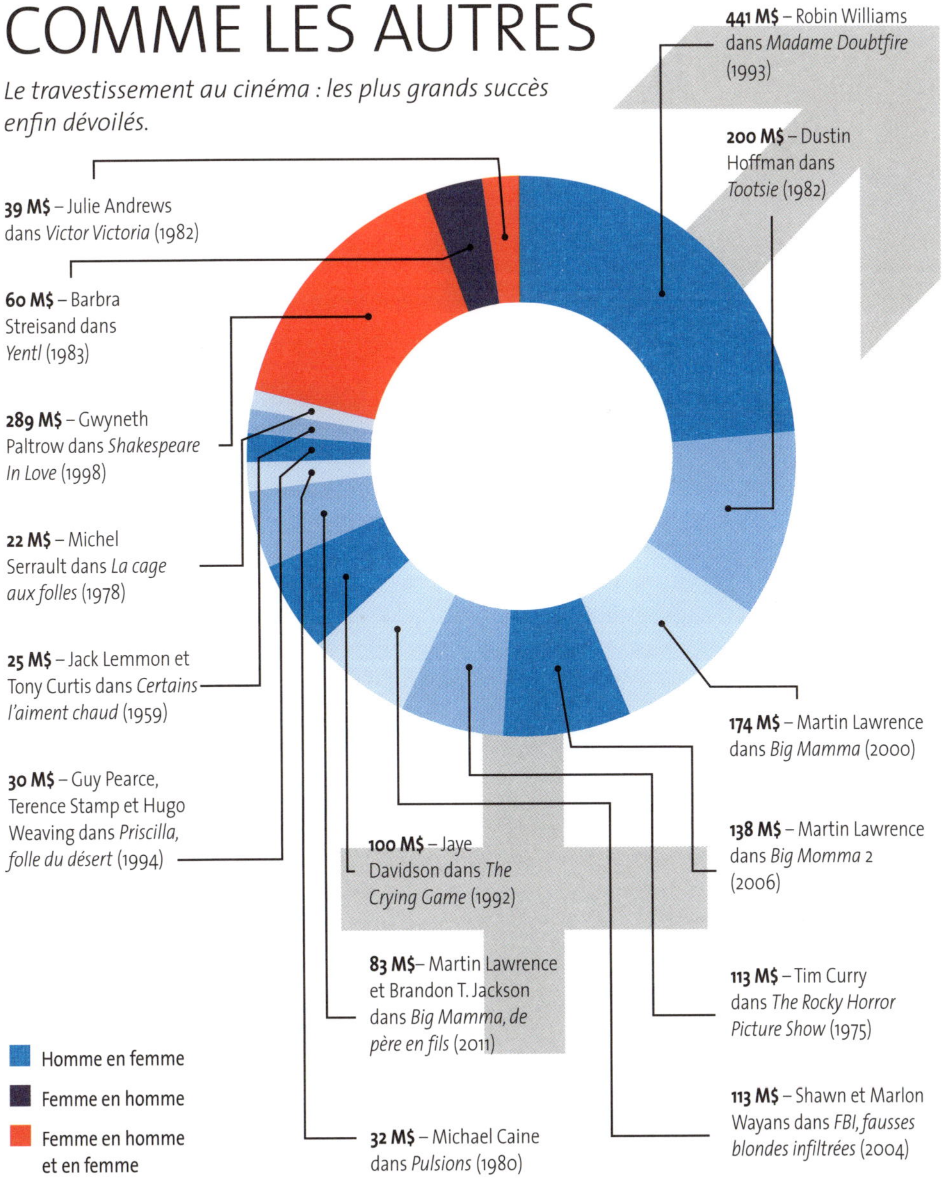

Source : IMDb (http://www.imdb.com)

SANS **CONFLIT**, PAS D'HISTOIRE

	Shakespeare	Western	Science-fiction
1 **Homme contre homme**	*Titus Andronicus* 1593	*Impitoyable* 1992	*Hunger Games* 2012
2 **Homme contre nature**	*Le Songe d'une nuit d'été* 1564	*La prisonnière du désert* 1956	*Soleil vert* 1973
3 **Homme contre lui-même**	*Hamlet* 1600	*Django porte sa croix* Italie 1968	*Looper* 2012
4 **Homme contre Dieu**	*Macbeth* 1605	*Coups de feu dans la Sierra* 1962	*2001, l'odyssée de l'espace* 1968
5 **Homme contre société**	*Coriolan* 1608	*L'homme des hautes plaines* 1973	*Zardoz* 1974
6 **Homme pris entre les deux**	*Beaucoup de bruit pour rien* 1588	*L'homme des vallées perdues* 1953	*Retour vers le futur* 1985
7 **Homme et femme**	*La Mégère apprivoisée* 1592	*Elmer Gantry, le charlatan* 1960	*Solaris* Russie 1972

D'après Sir Arthur Quiller-Couch, il n'existe que sept histoires, et elles sont toutes conflictuelles. Voici ce qu'elles sont devenues sous la plume de Shakespeare, puis à l'écran.

HORREUR	COMÉDIE ROMANTIQUE	ACTION	FANTASTIQUE
Massacre à la tronçonneuse – 1974	*Target* – 2012	*Kagemusha, l'ombre du guerrier* – Japon – 1980	*Thor* – 2011
Long weekend – Australie – 1978	*Amour et amnésie* – 2004	*Le jour d'après* – 2004	*Le dernier maître de l'air* – 2010
Démons – Italie – 1985	*Nuits blanches à Seattle* – 1993	*Terminator 3, le soulèvement des machines* – 2004	*Harry Potter et la chambre des secrets* – 2004
Killer God – Canada – 2010	*Honni soit qui mal y pense* – 1947	*Le gardien du manuscrit sacré* – 2003	*Le choc des Titans* – 2010
Driller Killer – 1979	*Mariage à la grecque* – 2002	*Les sept samouraïs* – Japon – 1954	*Le labyrinthe de Pan* – Mexique – 2006
L'échelle de Jacob – 1990	*Ma nuit chez Maud* – France – 1969	*Payback* – 1999	*Willow* – 1988
Faux-semblants – 1988	*10 bonnes raisons de te larguer* – 1999	*Au revoir à jamais* – 1996	*Blanche-Neige et le chasseur* – 2012

JASON **BOURNE** : 24 H CHRONO

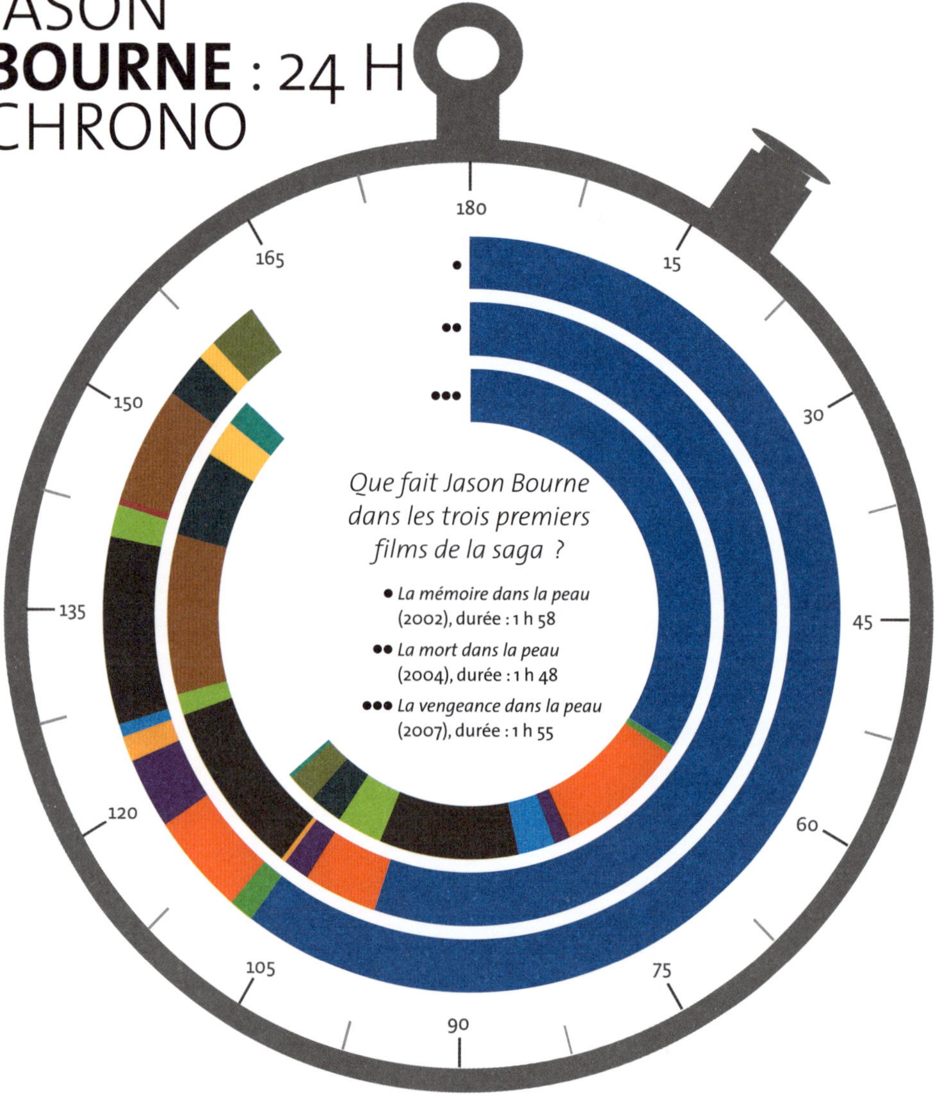

- il fuit
- il dérive
- il cherche
- il se bat
- il escalade
- il poursuit
- il reste silencieux
- il se souvient
- il fait l'amour
- il conduit
- il est poursuivi
- il écoute
- il tue
- il apprend la vérité
- il s'excuse

ÇA AURAIT DÛ ÊTRE **MOI**

L'Oscar du meilleur film étranger n'a pas toujours été attribué au film le mieux accueilli par la critique et les spectateurs. Voici une liste de ces lauréats controversés qui auraient dû, selon le site américain rottentomatoes.com, remporter la statuette.

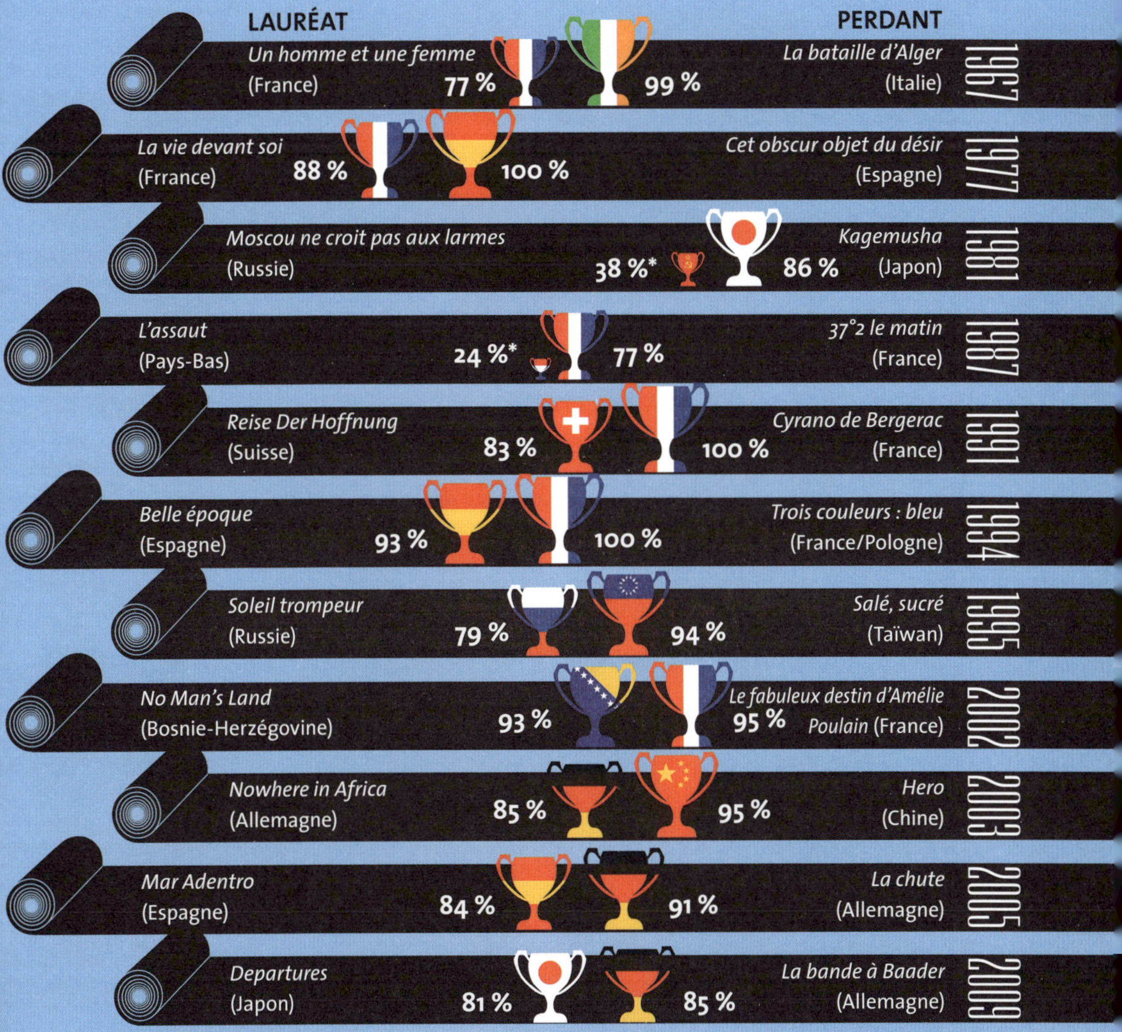

* Note attribuée par les utilisateurs du site rottentomatoes ; aucun classement des critiques disponible.

Le territoire des loups - AK
Retour vers le futur 2 - CA
Fargo - ND
Retour vers le futur - CA
Impitoyable - WY
Identity - NV
Constantine - CA
La nuit du cyclone - NB
Shining - CO
Poltergeist - CA
Un ticket pour deux - KS
Citizen Kane - CO
Psychose - CA
Blade Runner - CA
Point Break - CA
500 MPH Storm - NM
Tornado - TX
Pluie
Tonnerre et éclair
Neige
Tornade

VOICI VENIR L'**ORAGE...**

40 films cultes dans lesquels le ciel tombe sur la tête de ses protagonistes américains.

Source : Iowa Meteorologists Film Critics Circle

RESTONS **SÉRIEUX**

Depuis sa création en 1929, la prestigieuse Académie n'a décerné l'Oscar du meilleur film qu'à douze comédies. Si quelques statuettes ont récompensé des réalisateurs, scénaristes et acteurs de comédie, ils sont peu nombreux.

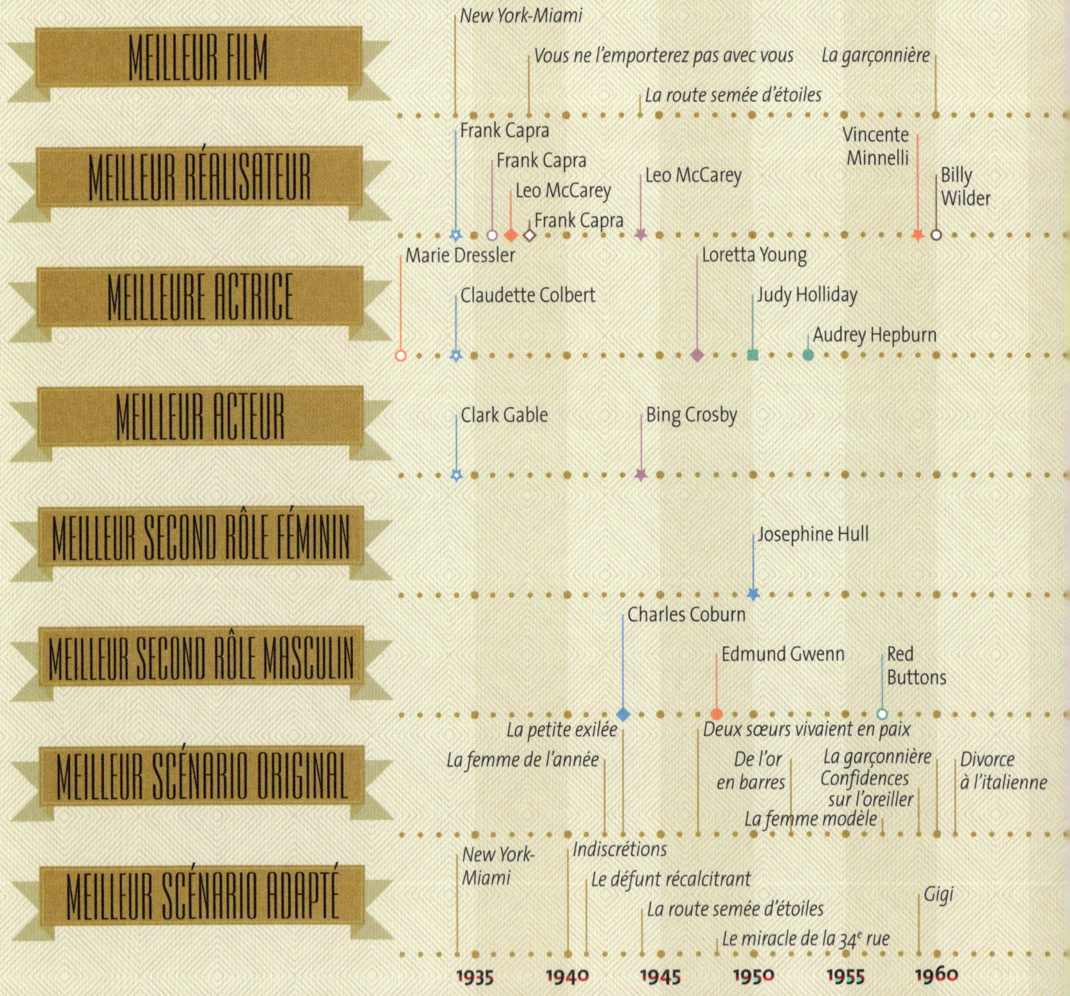

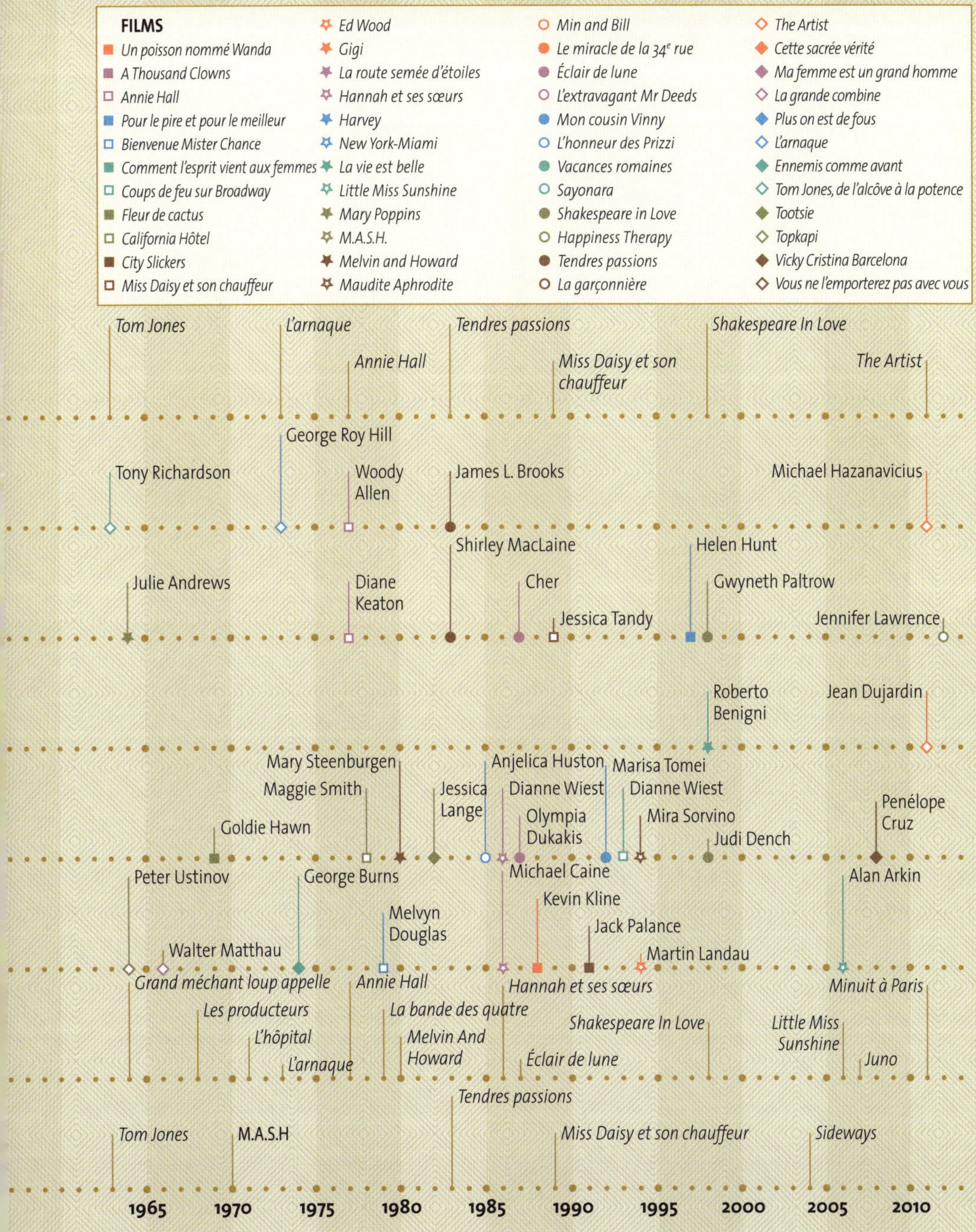

Genre cinématographique des films sur IMDb : comédie

QUESTION D'**ÂGE**

Les acteurs ne connaissent pas la gloire au même âge ; cela dépend de leur pays d'origine. Voici les dix plus gros succès au box-office américain, français et espagnol, et l'âge moyen des stars du film.

1	AVATAR	2009	Sam Worthington	32
2	TITANIC	1997	Leonardo DiCaprio	23
3	AVENGERS	2012	Chris Evans	30
4	HARRY POTTER ET ET LES RELIQUES DE LA MORT (2e PARTIE)	2011	Daniel Radcliffe	21
5	TRANSFORMERS 3, LA FACE CACHÉE DE LA LUNE	2011	Shia LaBeouf	24
6	LE SEIGNEUR DES ANNEAUX, LE RETOUR DU ROI	2003	Elijah Wood	21
7	SKYFALL	2012	Daniel Craig	43
8	THE DARK KNIGHT RISES	2012	Christian Bale	37
9	PIRATES DES CARAÏBES, LE SECRET DU COFFRE MAUDIT	2006	Johnny Depp	42
10	STAR WARS – ÉPISODE 1 : LA MENACE FANTÔME	1999	Ewan McGregor	26

1	INTOUCHABLES	2011	Omar Sy	32
2	BIENVENUE CHEZ LES CH'TIS	2008	Kad Merad	43
3	LE FABULEUX DESTIN D'AMÉLIE POULAIN	2001	Mathieu Kassovitz	33
4	THE ARTIST	2011	Jean Dujardin	38
5	ASTÉRIX ET OBÉLIX : MISSION CLÉOPÂTRE	2002	Gérard Depardieu	53
6	LA MÔME	2007	Jean-Pierre Martins	35
7	LE PACTE DES LOUPS	2001	Samuel Le Bihan	35
8	LA GRANDE VADROUILLE	1996	Bourvil	35
9	DES HOMMES ET DES DIEUX	2010	Lambert Wilson	51
10	AMOUR	2012	Jean-Louis Trintignant	81

1	VOLVER	2006	NC	NC
2	LE LABYRINTHE DE PAN	2006	Doug Jones	35
3	L'ORPHELINAT	2007	Fernando Cayo	38
4	TOUT SUR MA MÈRE	1999	Eloy Azorín	21
5	CARNETS DE VOYAGE	2004	Gael Garcia Bernal	25
6	PARLE AVEC ELLE	2002	Javier Cámara	34
7	DANS SES YEUX	2009	Ricardo Darín	51
8	ET… TA MÈRE AUSSI !	2001	Gael Garcia Bernal	22
9	BIUTIFUL	2011	Javier Bardem	41
10	LES ÉPICES DE LA PASSION	1992	Marco Leonardi	23

1 Classement — Année de sortie — Acteur principal — Actrice principale — Âge — Moyenne d'âge

Anglais — **Français** — **Espagnol**

Anglais

Classement	Film	Année de sortie	Actrice principale	Âge
1	AVATAR	2009	Zoe Saldana	30
2	TITANIC	1997	Kate Winslet	22
3	AVENGERS	2012	Scarlett Johansson	27
4	HARRY POTTER ET LES RELIQUES DE LA MORT (2e PARTIE)	2011	Emma Watson	20
5	TRANSFORMERS 3, LA FACE CACHÉE DE LA LUNE	2011	Rosie Huntington Whitely	32
6	LE SEIGNEUR DES ANNEAUX, LE RETOUR DU ROI	2003	Cate Blanchett	32
7	SKYFALL	2012	Judi Dench	77
8	THE DARK KNIGHT RISES	2012	Anne Hathaway	29
9	PIRATES DES CARAÏBES, LE SECRET DU COFFRE MAUDIT	2006	Keira Knightley	20
10	STAR WARS – ÉPISODE 1 : LA MENACE FANTÔME	1999	Natalie Portman	17

Français

Classement	Film	Année de sortie	Actrice principale	Âge
1	INTOUCHABLES	2011	Audrey Fleurot	32
2	BIENVENUE CHEZ LES CH'TIS	2008	Zoé Félix	31
3	LE FABULEUX DESTIN D'AMÉLIE POULAIN	2001	Audrey Tautou	24
4	THE ARTIST	2011	Bérénice Bejo	34
5	ASTÉRIX ET OBÉLIX : MISSION CLÉOPÂTRE	2002	Monica Bellucci	37
6	LA MÔME	2007	Marion Cotillard	35
7	LE PACTE DES LOUPS	2001	Émilie Dequenne	20
8	LA GRANDE VADROUILLE	1996	Andréa Parisy	60
9	DES HOMMES ET DES DIEUX	2010	Sabrina Ouazani	19
10	AMOUR	2012	Emmanuelle Riva	84

Espagnol

Classement	Film	Année de sortie	Actrice principale	Âge
1	VOLVER	2006	Penélope Cruz	31
2	LE LABYRINTHE DE PAN	2006	Ivana Baquero	12
4	L'ORPHELINAT	2007	Belén Rueda	41
4	TOUT SUR MA MÈRE	1999	Cecilia Roth	42
5	CARNETS DE VOYAGE	2004	Mercedes Morán	48
6	PARLE AVEC ELLE	2002	Rosario Flores	38
7	DANS SES YEUX	2009	Soledad Villamil	39
8	ET... TA MÈRE AUSSI !	2001	Maribel Verdú	30
9	BIUTIFUL	2011	Maricel Alvarez	40
10	LES ÉPICES DE LA PASSION	1992	Lumi Cavazos	23

Sources : Box Office Mojo – IMDb (http://www.imdb.com)

PLANÈTE **BOND** (1962-1985)

L'agent 007 créé par Ian Fleming a parcouru le monde entier pour nous sauver de crapules égocentriques aux pulsions destructrices. Découvrez ici les innombrables déplacements des trois premiers acteurs ayant incarné le célèbre espion : Sean Connery, George Lazenby et Roger Moore.

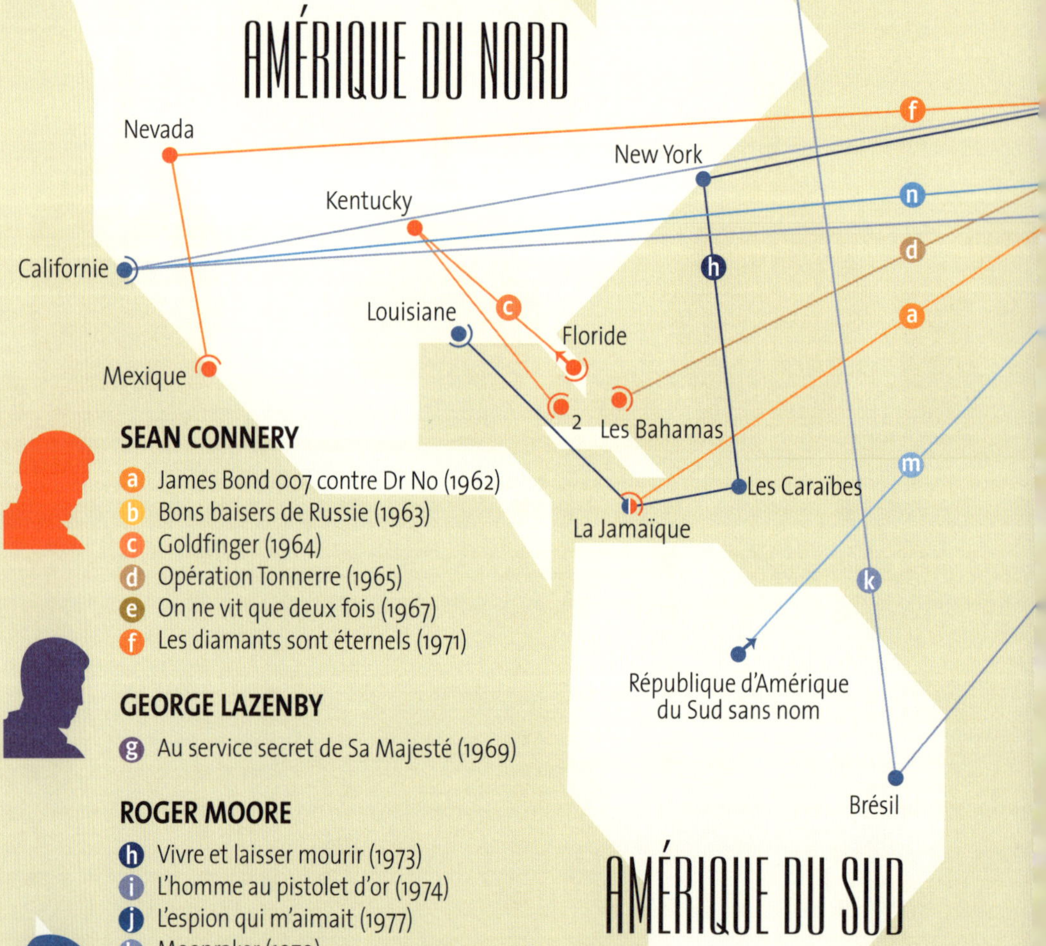

SEAN CONNERY

- a James Bond 007 contre Dr No (1962)
- b Bons baisers de Russie (1963)
- c Goldfinger (1964)
- d Opération Tonnerre (1965)
- e On ne vit que deux fois (1967)
- f Les diamants sont éternels (1971)

GEORGE LAZENBY

- g Au service secret de Sa Majesté (1969)

ROGER MOORE

- h Vivre et laisser mourir (1973)
- i L'homme au pistolet d'or (1974)
- j L'espion qui m'aimait (1977)
- k Moonraker (1979)
- l Rien que pour vos yeux (1981)
- m Octopussy (1983)
- n Dangereusement vôtre (1985)

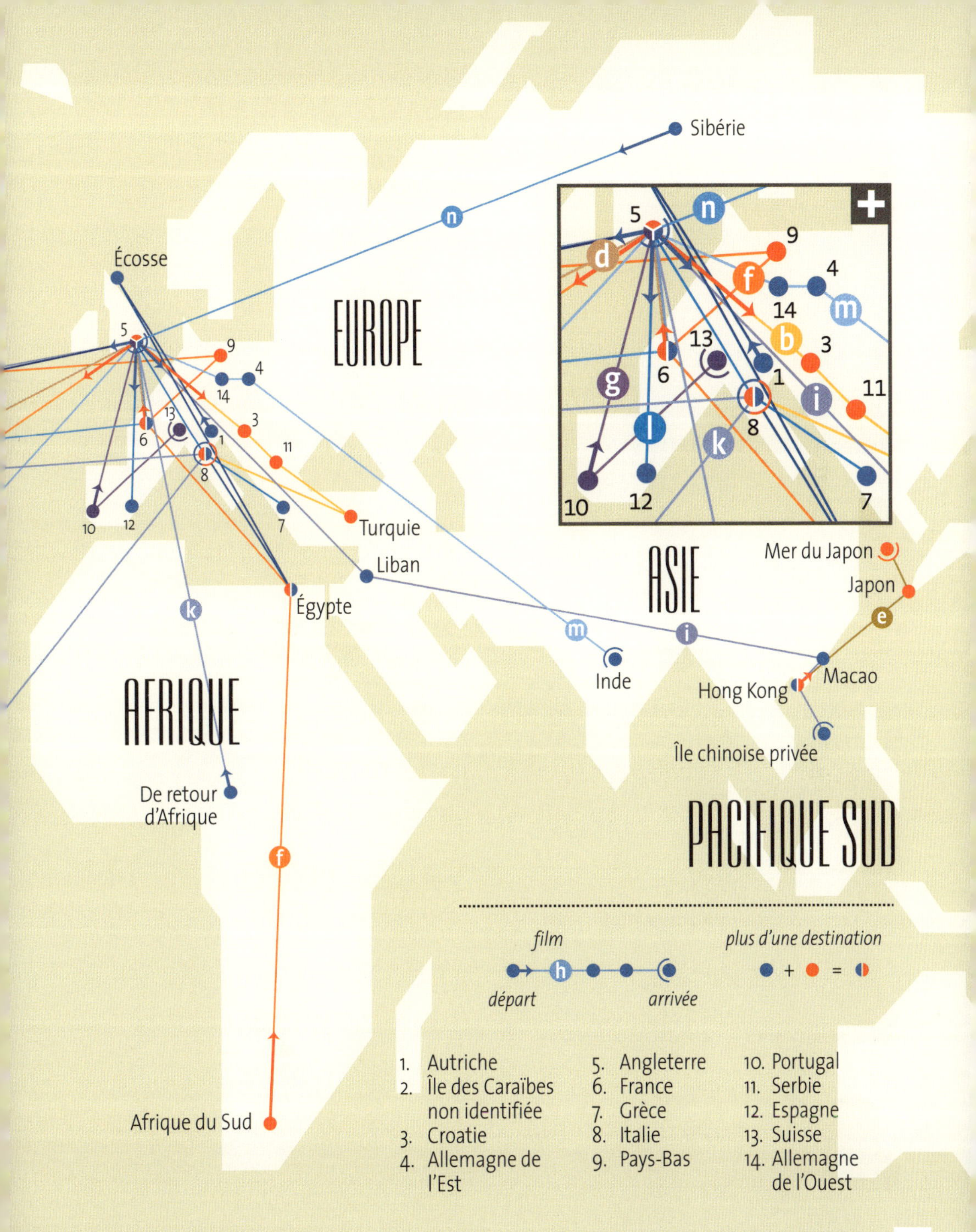

Source : IMDb (http://www.imdb.com)

PLANÈTE **BOND** (1987-2012)

Timothy Dalton, Pierce Brosnan et Daniel Craig n'ont pas interprété un James Bond plus sédentaire que leurs prédécesseurs, comme vous allez le découvrir sur cette double page.

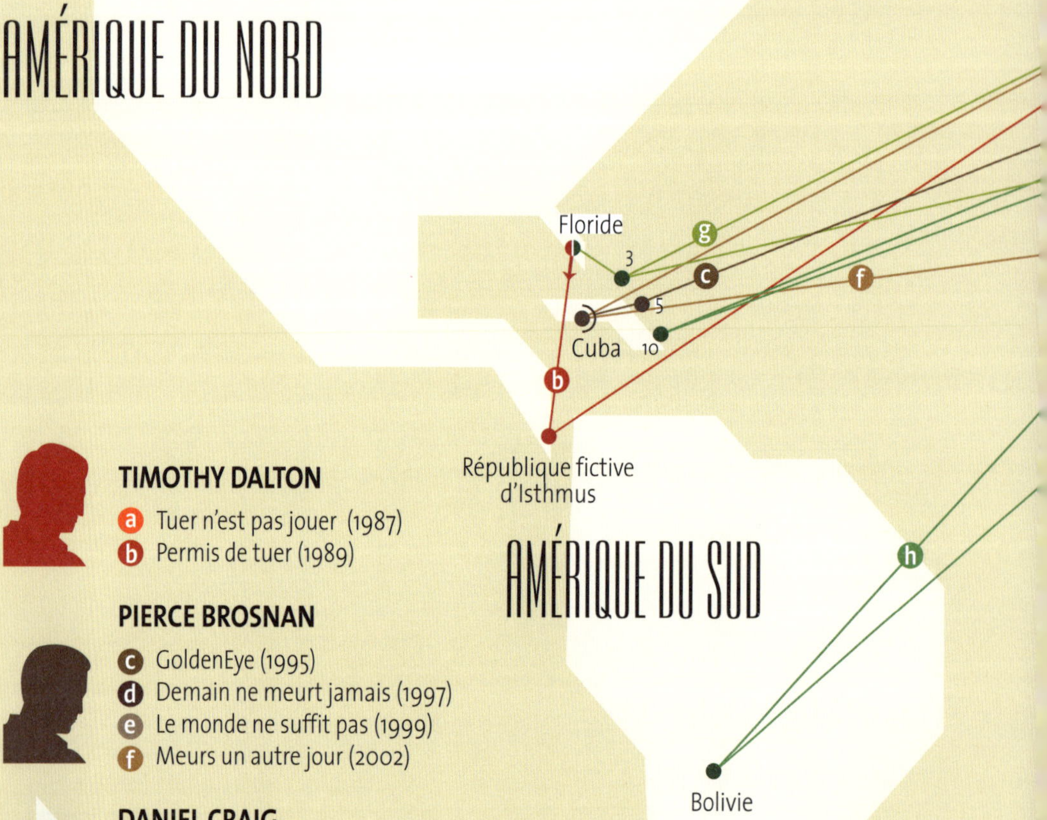

TIMOTHY DALTON

- a Tuer n'est pas jouer (1987)
- b Permis de tuer (1989)

PIERCE BROSNAN

- c GoldenEye (1995)
- d Demain ne meurt jamais (1997)
- e Le monde ne suffit pas (1999)
- f Meurs un autre jour (2002)

DANIEL CRAIG

- g Casino Royale (2006)
- h Quantum of Solace (2008)
- i Skyfall (2012)

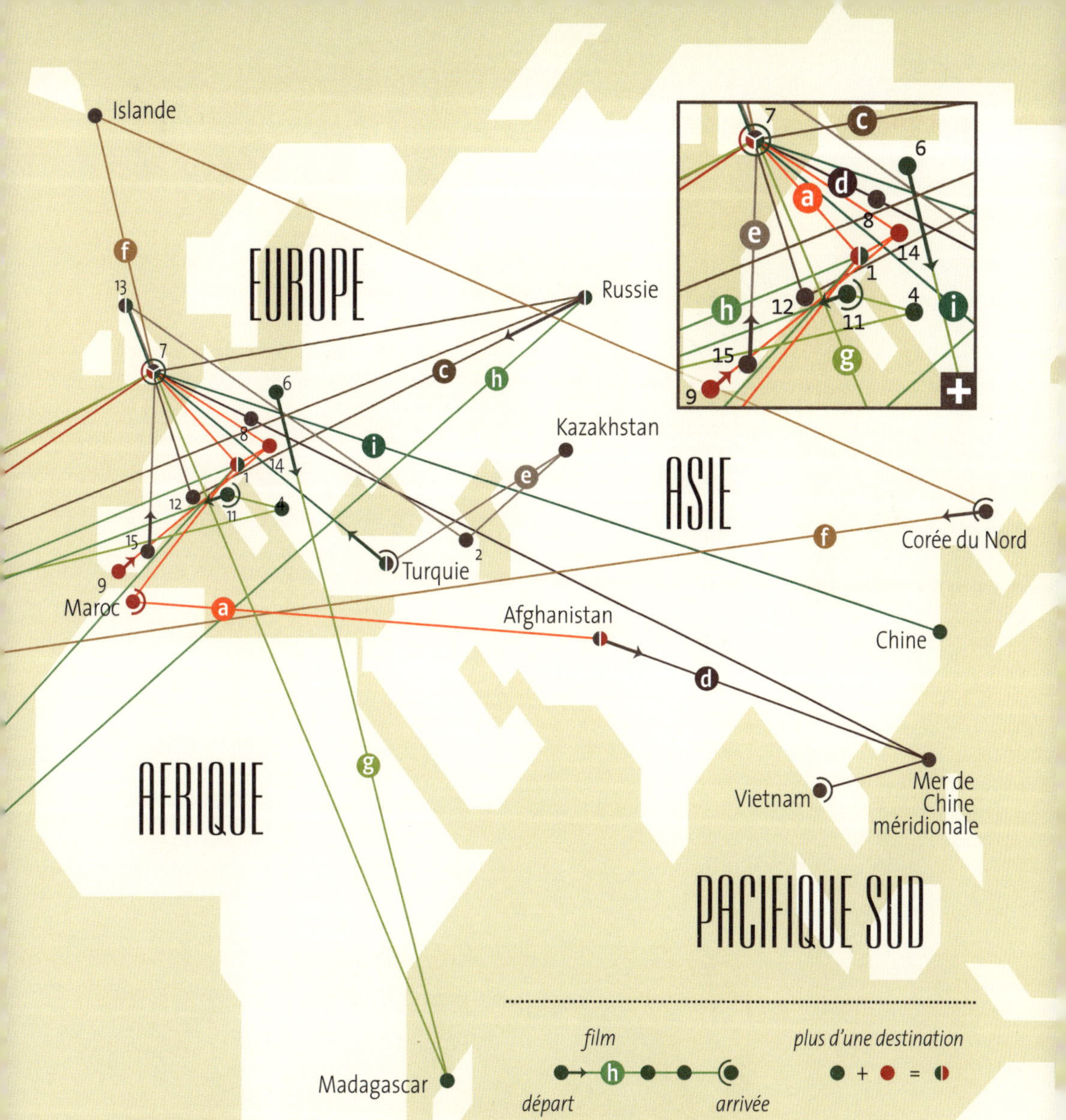

1. Autriche
2. Azerbaïdjan
3. Les Bahamas
4. Bosnie
5. Île des Caraïbes non identifiée
6. République tchèque
7. Angleterre
8. Allemagne
9. Gibraltar
10. Haïti
11. Italie
12. Monte-Carlo
13. Écosse
14. Slovaquie
15. Espagne

Source : IMDb (http://www.imdb.com)

ADAPTATION

Découvrez le film adapté d'un livre qui se cache derrière chaque image à l'aide de la première lettre d'un mot clé de son titre.

 Solutions p. 160

IDÉAL **MASCULIN**

Voici à quoi ressemblerait le premier rôle masculin idéal d'après un panel de critiques féminines.

Tête
Will Smith
Je suis une légende (2007)
585 M$*

Yeux
Robert Pattinson
Twilight – Chapitre 3 : Hésitation (2010)
698 M$

Nez
Liam Neeson
Le choc des Titans (2010)
493 M$

Mâchoire
Brad Pitt
Mr & Mrs Smith (2005)
478 M$

Bouche
Javier Bardem
Skyfall (2012)
950 M$

Cheveux
Johnny Depp
Pirates des Caraïbes, la fontaine de jouvence (2011)
1,044 Md$

Front
Leonardo DiCaprio
Inception (2010)
825,5 M$

Sourcils
Colin Farrell
Minority Report (2002)
358 M$

Oreilles
Hugh Jackman
X-Men, l'affrontement final (2006)
459 M$

Moustache
Idris Elba
Prometheus (2012)
402,5 M$

Dents
Tom Cruise
La guerre des mondes (2005)
592 M$

Menton
George Clooney
Ocean's Eleven (2001)
451 M$

* Recettes du film

Source : Box Office Mojo

DES **FEMMES** DERRIÈRE LA CAMÉRA

Les studios sont souvent réticents à l'idée de confier la réalisation d'un film à une femme. Alors mieux vaut être une actrice reconnue qui peut aussi produire le film, écrire le scénario ou composer la musique.

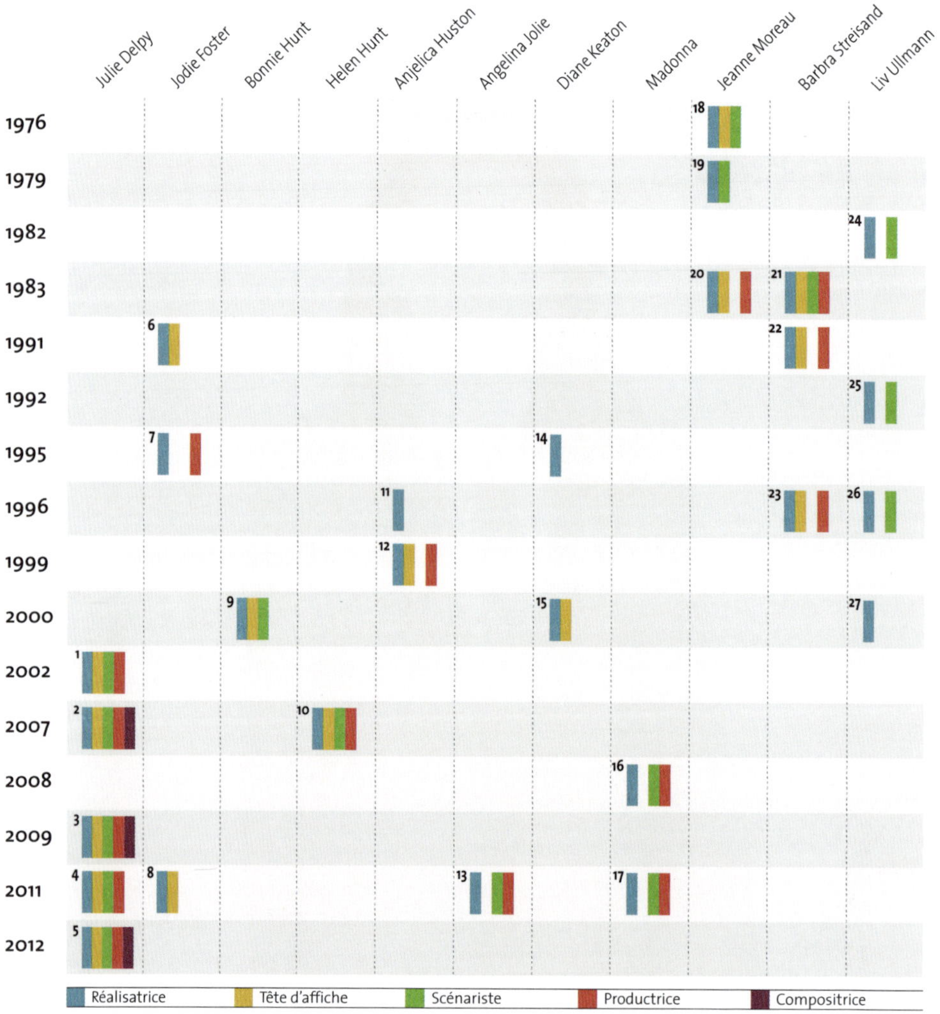

1 Looking for Jimmy | **2** 2 Days in Paris | **3** La comtesse | **4** Le Skylab | **5** 2 Days in New York | **6** Le petit homme | **7** Week-end en famille | **8** Le complexe du Castor | **9** Droit au cœur | **10** Une histoire de famille | **11** Bastard Out of Carolina | **12** Agnès Browne | **13** Au pays du sang et du miel | **14** Les liens du souvenir | **15** Raccroche ! | **16** Obscénité et vertu | **17** W.E. | **18** Lumière | **19** L'adolescente | **20** Lillian Gish | **21** Yentl | **22** Le prince des marées | **23** Leçons de séduction | **24** Love | **25** Sofie | **26** Kristin Lavransdatter | **27** Infidèle

 Source : IMDb (http://www.imdb.com)

TOUTES LES **CRÉATURES** DU BON DIEU

Les films d'animation et d'aventure dans lesquels les héros sont des animaux séduisent généralement petits et grands. Mais succès au box-office ne rime pas toujours avec succès critique, comme le prouvent ces notes attribuées par le site américain rottentomatoes.com.

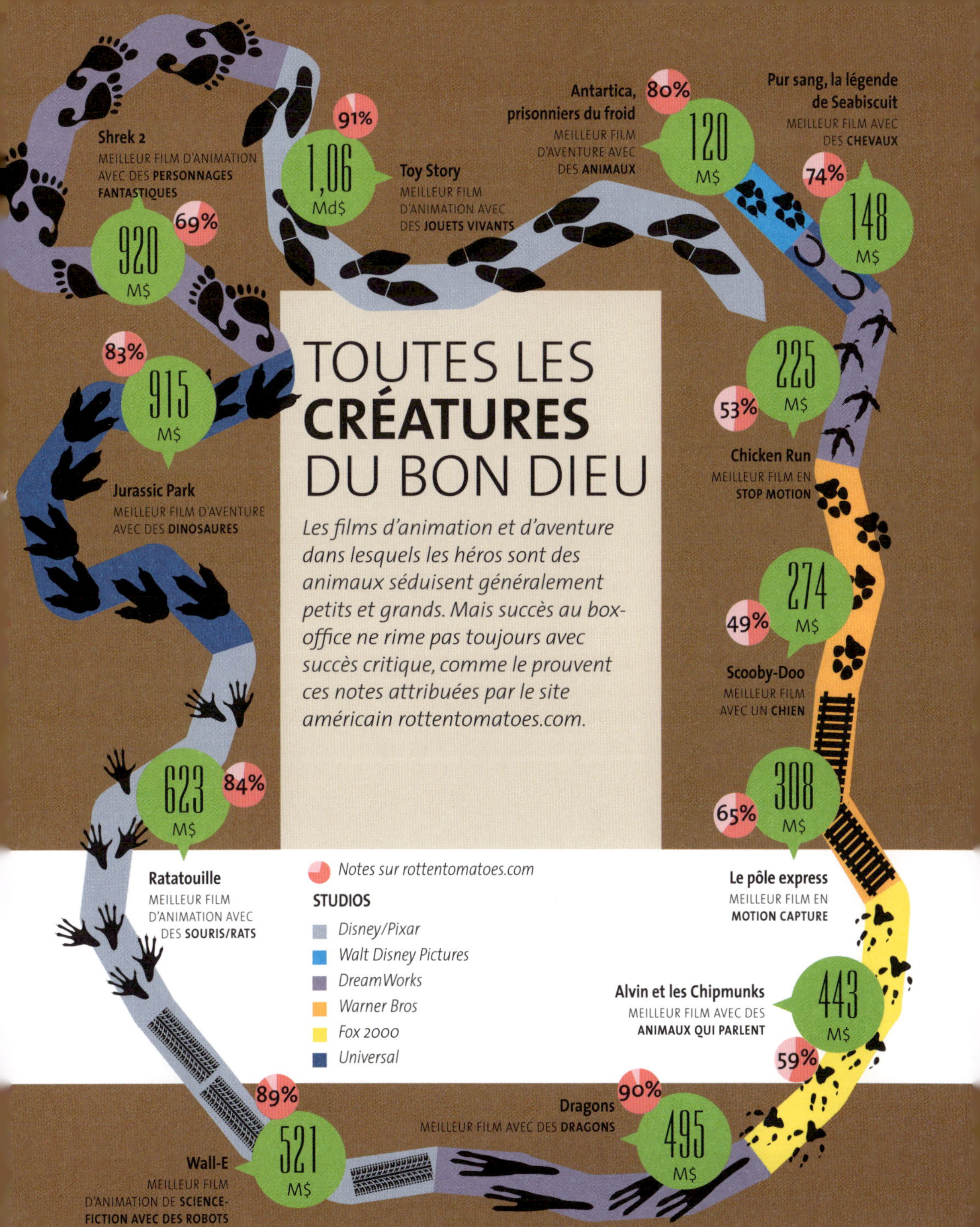

Source : Box Office Mojo

LA VIE EST BELLE – EN **3 ACTES !**

- 0 – Dieu et Joseph sont dans le ciel et entendent les prières pour George Bailey
- Ils racontent l'histoire de George Bailey à Clarence, un ange sans aile, en remontant à sa plus tendre enfance, quand il sauve son frère de la noyade et devient sourd d'une oreille
- Introduction du protagoniste Henry F. Potter (Larry Barrymore)
- 5 – Mary (8 ans) chuchote à l'oreille de George et lui dit qu'elle l'aime, mais il ne l'entend pas
- George empêche le pharmacien d'empoisonner un jeune garçon
- 10 – George adulte (James Stewart) apparaît
- George déclare vouloir quitter Bedford Falls, voyager dans le monde entier et devenir quelqu'un
- 15 – Le père de George lui demande de reprendre un jour sa société Buildings and Loans Co.
- George et Mary (18 ans – Donna Reed) échangent des regards amoureux au bal
- 20 – George dit à Mary qu'elle est ravissante
- 25 – Mary casse une vitre de la future maison de Bailey en faisant le vœu que George reste à Bedford Falls
- George apprend que son père a eu une attaque ; il abandonne Mary (nue) dans un massif de fleurs
- 30 – En prenant la défense de Buildings and Loans Co. contre Potter, George succède à son père
- 35 – Son frère Harry revient, il est marié et travaille à Buffalo
- George abandonne ses projets de voyage (13 minutes)
- 40 – Mary rentre après avoir passé quatre ans à l'université
- 45 – George et Mary se disputent
- George et Mary s'embrassent et se marient ; George est sur le point de quitter Bedford Falls quand...
- Un détour par sa société l'empêche de partir en lune de miel
- 50 – Potter achète la banque et tente de racheter Buildings and Loans Co.
- 55 – Grâce à son discours, George sauve Buildings and Loans Co. de la faillite
- George découvre Mary dans la maison de ses « rêves » ; ils s'embrassent
- 60 – George et Mary inaugurent Bailey Park, un ensemble de propriétés bon marché

1 Exposition 0-30 *minutes*

2 Confrontation 30-90 *minutes*

Pour le célèbre gourou du scénario hollywoodien Syd Field, une histoire efficace se décompose en trois actes d'environ 30 minutes chacun. Illustration avec La vie est belle *de Frank Capra (1946).*

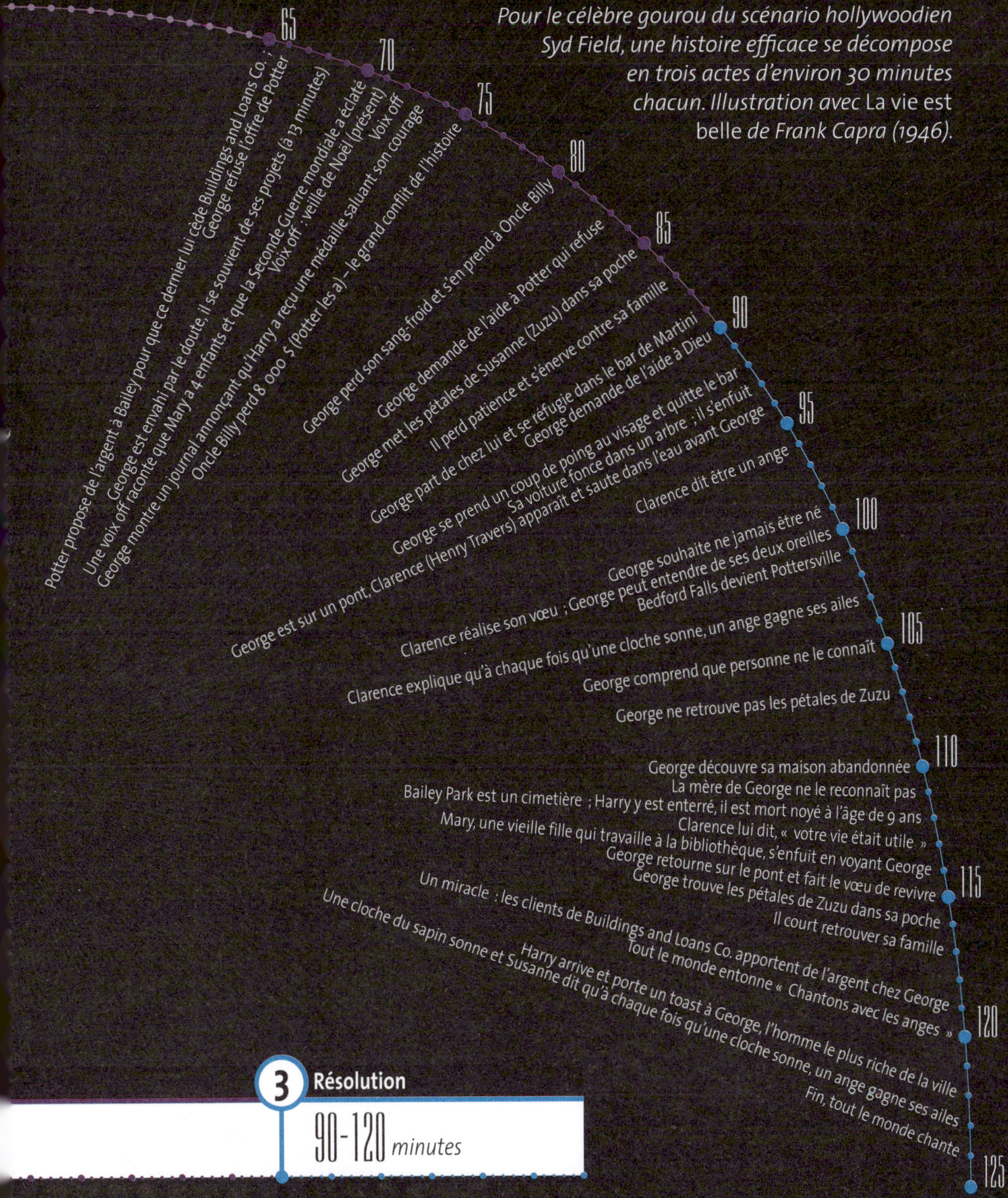

UN JOUR À **NEW YORK**

Marchez dans les pas des trois marins qui chantent « New York, New York, it's a helluva town ! » dans Un jour à New York *(1949).*

8 Rockefeller Center - Cinquième Avenue, Manhattan
7 Empire State Building - Cinquième Avenue, Manhattan
10 Central Park West - et Columbus Circle, Manhattan
9 Muséum américain d'histoire naturelle - 79e rue, Manhattan

PERSONNE NE SAIT RIEN*

Le site américain « The Black List » publie tous les ans la liste des scénarios non produits que les producteurs ont le plus appréciés. Voici, pour chaque année depuis 2005, leurs deux scénarios préférés et un scénario « boudé ». Vous pourrez constater par vous-même que les producteurs peuvent aussi parfois se tromper...

Titre (année de production)	Note des producteurs (%)	Box-office mondial (M$)	
Nos souvenirs brûlés (2007)	28	8,5	2005
Juno (2007)	27	231	
Sans plus attendre (2007)	01	175	
The Brigands of Rattleborge	33	*En développement*	2006
Jeux de pouvoir (2009)	26	88	
L'odyssée de Pi (2012)	02	604	
Recount (2008)	29	*Téléfilm*	2007
Les marches du pouvoir (2011)	29	76	
Very Bad Trip (2009)	02	467	
Le complexe du castor (2011)	27	06	2008
Love Next Door (2011)	24	0,36	
Sherlock Holmes (2009)	02	524	
The Muppet Man	16	*En développement*	2009
The Social Network (2010)	14	225	
Le discours d'un roi (2010)	02	414	
College Republicans	17	*En développement*	2010
Jackie	16	*En développement*	
Hunger Games (2012)	04	691	
The Imitation Game (2014)	44	*Prochainement*	2011
When The Street Lights Go Out	30	*En développement*	
Django Unchained (2013)	05	413	

Échelles : % 10 20 30 40 50 — M$ 1 5 10 25 50 100 250 500 750

Sources : The Black List (http://www.blcklst.com) – Box Office Mojo – IMDb (http://www.imdb.com)

* William Goldman

LE CERCLE DES **ÉCRIVAINS DISPARUS**

Les adaptations cinématographiques des romans du XIXe siècle de Jane Austen et Charles Dickens attirent encore et toujours les spectateurs au cinéma. Depuis le début des années 2000, 20 films ont été réalisés à partir de leurs œuvres. Dickens fait même davantage recette au box-office que Stephen King, pourtant grande source d'inspiration pour le cinéma.

CLÉ

- Roman
- Lettres
- Roman court
- Nouvelle
- ❶ Raison et sentiments
- ❷ Lettres de Jane Austen
- ❸ Emma
- ❹ De grandes espérances

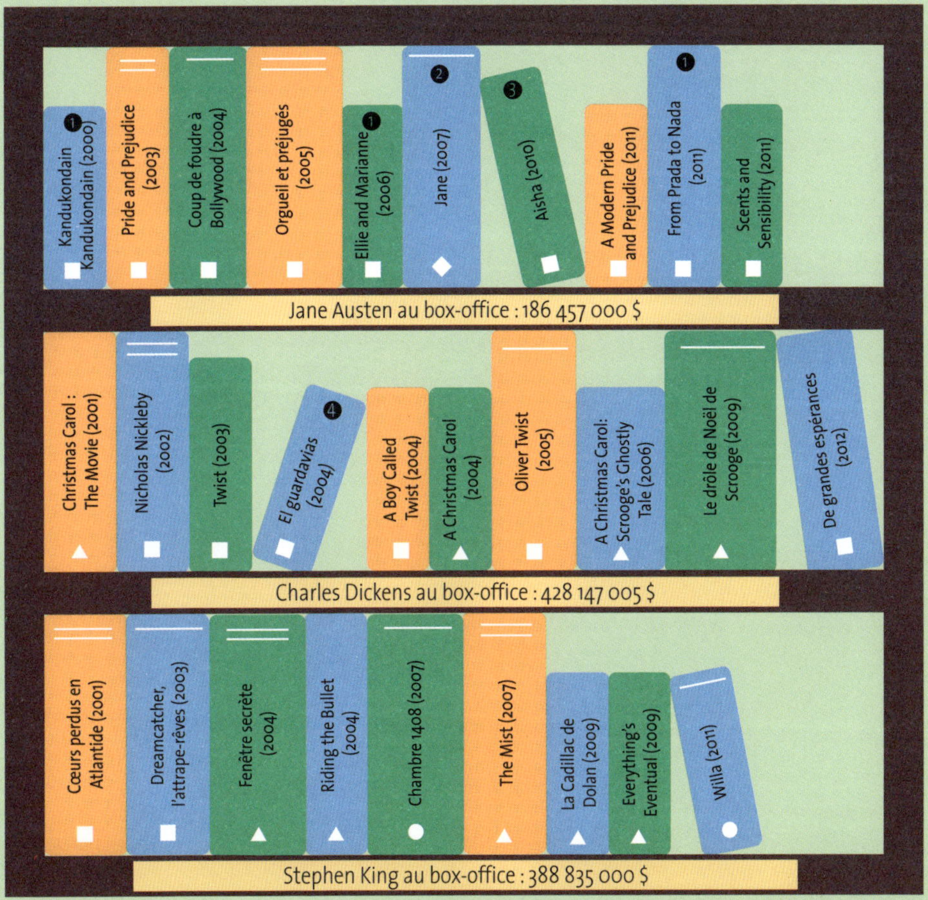

Source : IMDb (http://www.imdb.com)

DU **FLOP** AU FILM CULTE

Voici six films qui n'ont pas rencontré le succès escompté à leur sortie mais qui sont devenus, depuis, de véritables chefs-d'œuvre du cinéma...

Source : IMDb (http://www.imdb.com)

VENTS **CONTRAIRES**

Les films les plus piratés ne sont pas toujours les plus gros succès du box-office, comme le révèlent ces chiffres pour l'année 2012.

FILMS LES PLUS TÉLÉCHARGÉS

1. **Projet X** (8,7 M)
2. **Mission : Impossible, protocole fantôme** (8,5 M)
3. **The Dark Knight Rises** (8,2 M)
4. **Avengers** (8,1 M)
5. **Sherlock Holmes, jeu d'ombres** (7,85 M)
6. **21 Jump Street** (7,6 M)
7. **Millénium, les hommes qui n'aimaient pas les femmes** (7,4 M)
8. **The Dictator** (7,3 M)
9. **L'âge de glace 4, la dérive des continents** (6,9 M)
10. **Twilight – Chap. 4 : Révélation (partie 1)** (6,7 M)

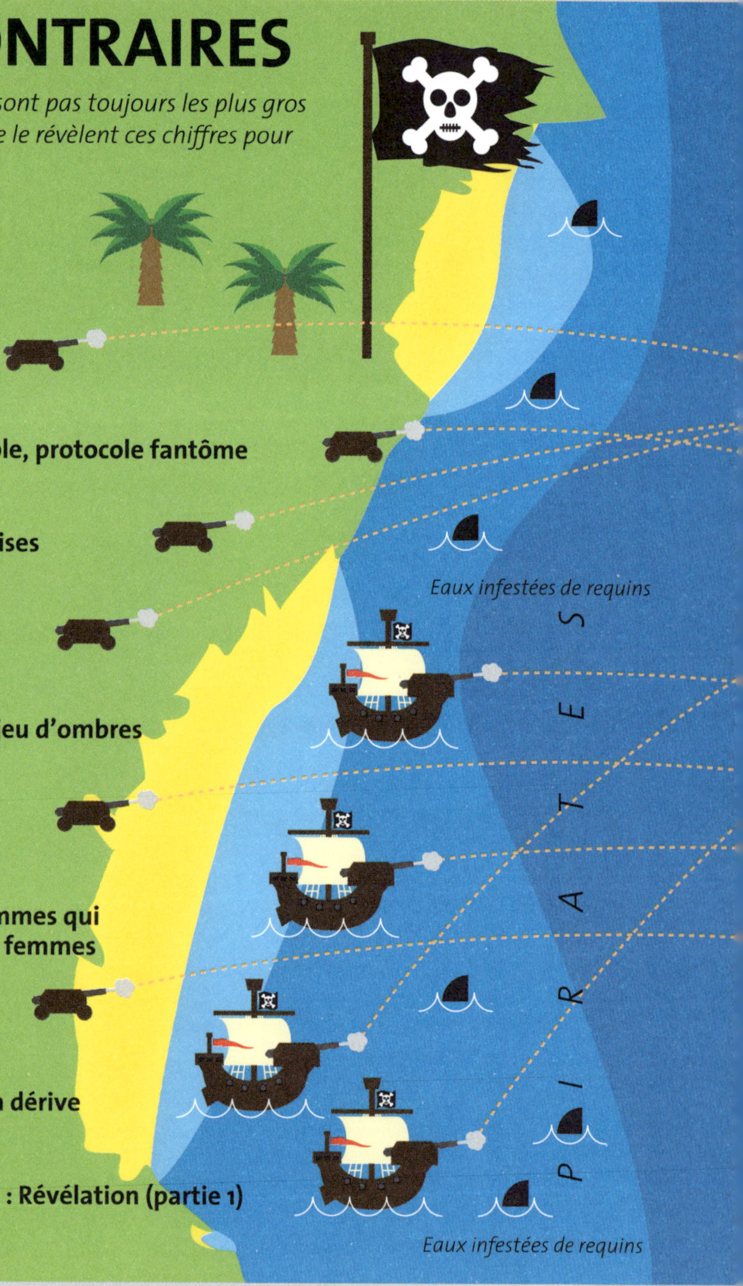

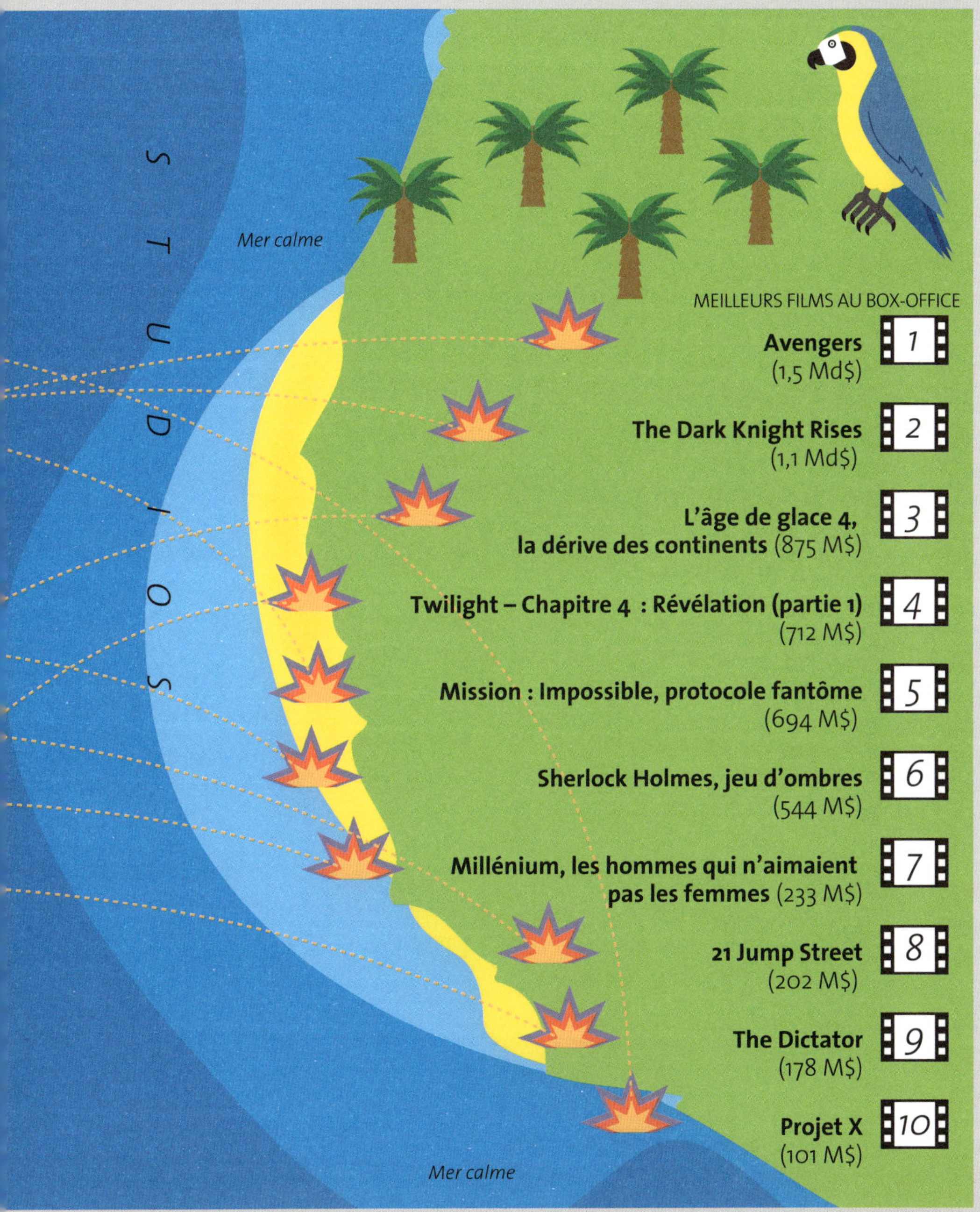

Sources : films les plus piratés de tous les temps (de 2006 à août 2012 : TorrentFreak.com – the BigTorrent-watching website) – Box Office Mojo – IMDb (http://www.imdb.com)

DE **SANG-FROID**

Pourquoi les cinéastes sont-ils autant attirés par les tueurs en série ? Impossible d'établir pour chaque psychopathe, une corrélation précise entre le nombre de ses victimes et le nombre de films qu'il a inspirés.

VICTIMES PAR SEXE

	Tueur	*F*	*H*		*Tueur*	*F*	*H*
A	Bathory	80	0	**I**	Haarmann	0	27
B	Berkowitz	5	1	**J**	Jack l'Éventreur	5	0
C	Bianchi	10	0	**K**	Kurten	5	2
D	Bundy	30	0	**L**	Landru	10	1
E	Dahmer	0	17	**M**	Lucas	15	6
F	DeSalvo	14	0	**L**	Starkweather	6	5
G	Fernandez	20	0	**N**	Le tueur du Zodiaque	6	3
H	Gacy	33	0				

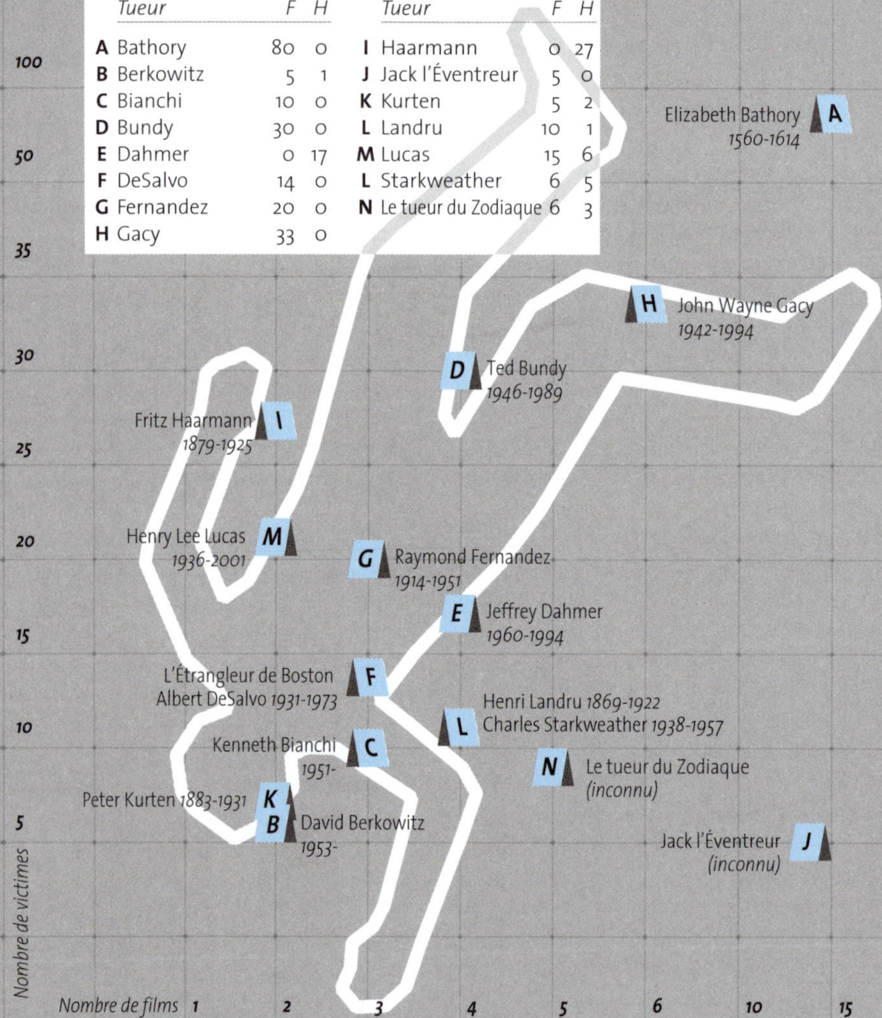

 Source : IMDb (http://imdb.com)

LA GALAXIE **TOM HANKS**

L'acteur qui compte le plus grand nombre de succès au box-office américain aime travailler sous la direction de réalisateurs qu'il connaît déjà, et ces derniers le lui rendent bien.

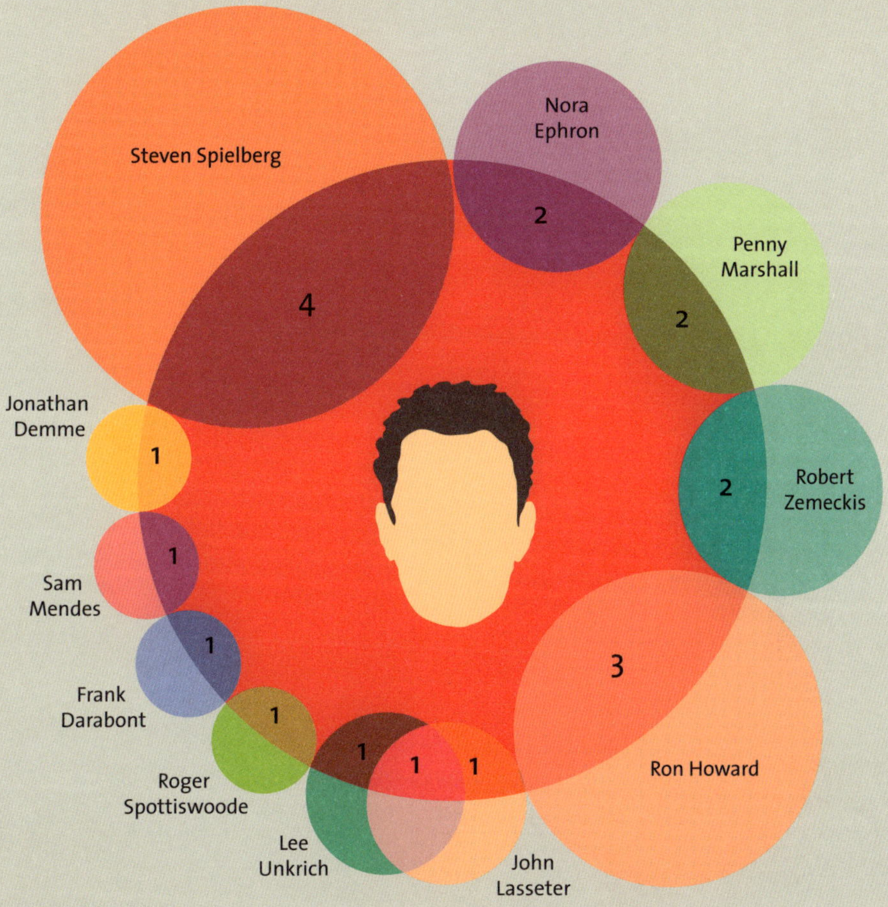

- Il faut sauver le soldat Ryan (1998)
- Arrête-moi si tu peux (2002)
- Le terminal (2004)
- Le pôle express (voix, 2004)
- Nuits blanches à Seattle (1993)
- Vous avez un mess@ge (1998)
- Big (1998)
- Une équipe hors du commun (1992)
- Forrest Gump (1994)
- Seul au monde (2000)
- Apollo 13 (1995)
- Da Vinci Code (2006)
- Anges et démons (2009)
- Toy Story (voix, 1995)
- Toy Story 2 (voix, 1999)
- Toy Story 3 (voix, 2010)
- Turner et Hooch (1989)
- La ligne verte (1999)
- Les sentiers de la perdition (2002)
- Philadelphia (1993)

1 QUANTUM OF SOLACE (2009)

Aston Martin Vintage (GB)

2009	4,7 L V8	4 734 cc	420 CV	0-100 km/h : 4,6 s	400 m DA : 13 s

2 FAST AND FURIOUS (2001)

Nissan Maxima (JAP)

1999	3 L V6	2 981 cc	265 CV	0-100 km/h : 5,2 s	400 m DA : 13,7 s

3 BRAQUAGE À L'ITALIENNE (2003)

BMW Mini (ALL)

2003	1,6 L	1 605 cc	200 CV	0-100 km/h : 6,6 s	400 m DA : 15,1 s

4 MINUIT À PARIS (2012)

Peugeot Type 176 (FR)

1925	2,5 L	2 490 cc	10 CV	0-100 km/h : NC	400 m DA : NC

5 LA COCCINELLE REVIENT (2005)

VW Coccinelle (ALL)

1963	1,2 L	1 196 cc	40 CV	0-100 km/h : 25 s	400 m DA : 23 s

6 LE TRANSPORTEUR II (2005)

Audi A8 (ALL)

2005	5,2 L V8	5 192 cc	444 CV	0-100 km/h : 5,1 s	400 m DA : 13,9 s

VOITURES **IMPORTÉES**

Découvrez la marque des voitures utilisées dans les films ci-contre. Nous aurions pu choisir n'importe quel James Bond pour montrer la puissance de l'Aston Martin, mais nous avons opté pour Quantum of Solace *qui met en scène l'une des courses-poursuites les plus haletantes de la célèbre saga.*

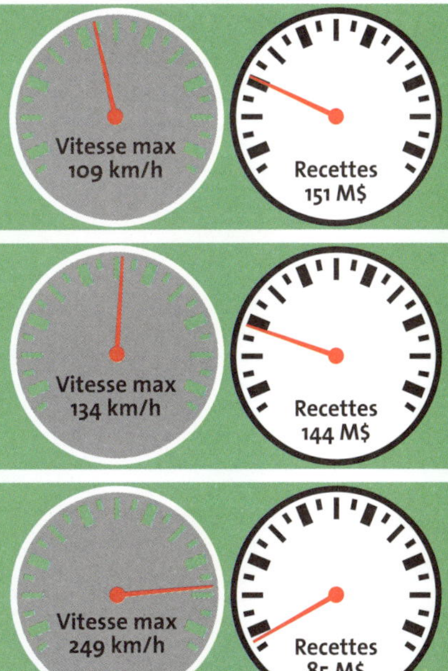

Source : Box Office Mojo

PALME, LION ET OURS D'**OR**

Les plus anciens festivals internationaux de cinéma sont ceux de Venise (créé en 1932), Cannes (créé en 1947) et Berlin (créé en 1951). Chacun d'eux récompense le meilleur film de l'année parmi une sélection de films du monde entier. Voici le palmarès des pays d'origine de ces films, par ordre décroissant du nombre de récompenses obtenues à la Mostra, à la Berlinale et à Cannes.

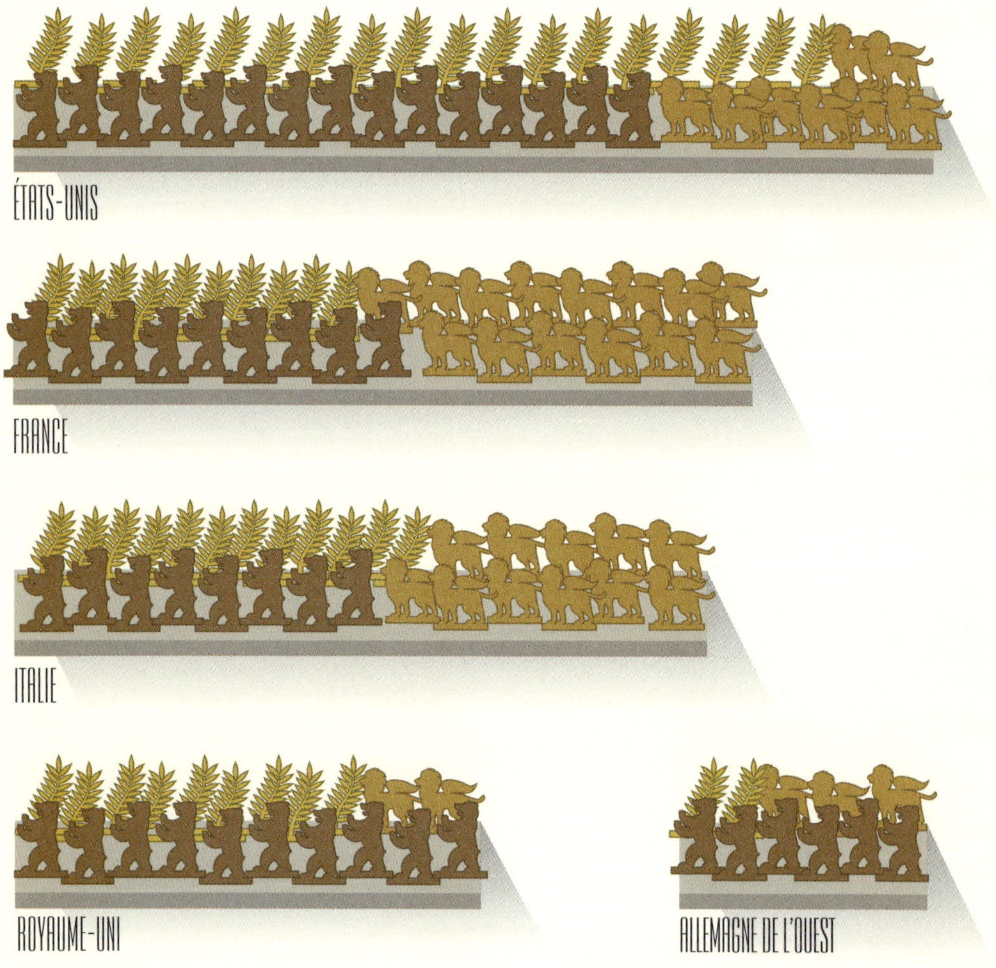

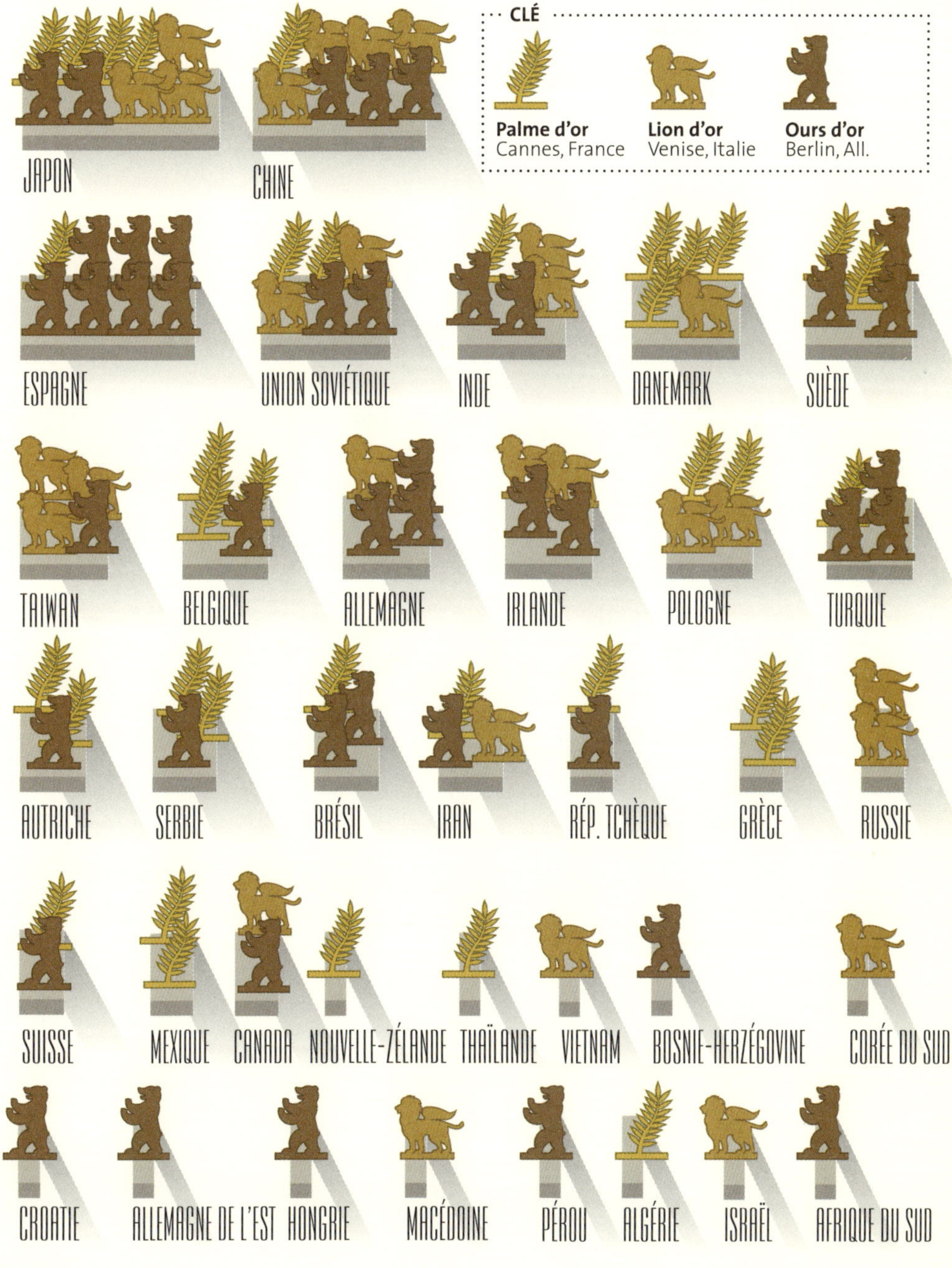
CLÉ
Palme d'or
Cannes, France
Lion d'or
Venise, Italie
Ours d'or
Berlin, All.
JAPON
CHINE
ESPAGNE
UNION SOVIÉTIQUE
INDE
DANEMARK
SUÈDE
TAIWAN
BELGIQUE
ALLEMAGNE
IRLANDE
POLOGNE
TURQUIE
AUTRICHE
SERBIE
BRÉSIL
IRAN
RÉP. TCHÈQUE
GRÈCE
RUSSIE
SUISSE
MEXIQUE
CANADA
NOUVELLE-ZÉLANDE
THAÏLANDE
VIETNAM
BOSNIE-HERZÉGOVINE
CORÉE DU SUD
CROATIE
ALLEMAGNE DE L'EST
HONGRIE
MACÉDOINE
PÉROU
ALGÉRIE
ISRAËL
AFRIQUE DU SUD

TREIZE À LA **DOUZAINE**

Voici les quatre acteurs qui ont eu le plus d'enfants pour partenaires dans leurs différents films.

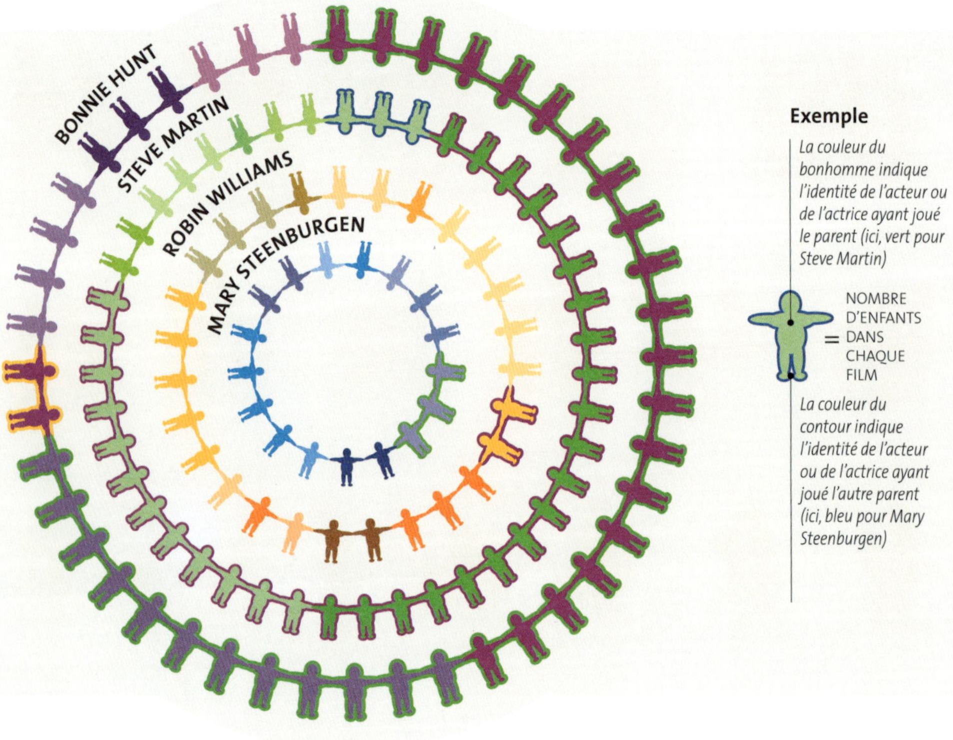

BONNIE HUNT
- Beethoven
- Beethoven 2
- Souvenirs d'un été
- Jumanji
- Treize à la douzaine
- Treize à la douzaine 2

STEVE MARTIN
- Portrait craché d'une famille modèle
- Le père de la mariée
- Le cadeau du ciel
- Le père de la mariée 2
- Bronx à Bel Air
- Treize à la douzaine
- Treize à la douzaine 2

ROBIN WILLIAMS
- Madame Doubtfire
- Jumanji
- Jack
- Father's Day
- Au-delà de nos rêves
- Jakob le menteur
- L'homme bicentenaire
- Camping Car
- The Night Listener
- August Rush
- World's Greatest Dad
- Les 2 font la père

MARY STEENBURGEN
- One Magic Christmas
- Portrait craché d'une famille modèle
- Une maison de fous
- Powder
- Sam je suis Sam
- Sunshine State
- Elfe
- Frangins malgré eux
- Dans la brume électrique

SANG POUR SANG **SANG** GORE

Le slasher, sous-genre du film d'horreur, est apparu dans les années 1970 et a engendré un tas de tueurs qui ont poignardé, étranglé et décapité leurs victimes – des adolescents – pendant les cinq décennies suivantes. Qui a tué le plus de personnes et à quelle période le sang a-t-il le plus coulé ?

Massacre à la tronçonneuse

Halloween

Vendredi 13

Les griffes de la nuit

Scream

Saw

ANNÉES 1970

TOTAL DES VICTIMES 10

- Massacre à la tronçonneuse : 1 film, 5 victimes
- Halloween : 1 film, 5 victimes

ANNÉES 1980

TOTAL DES VICTIMES 224

- Massacre à la tronçonneuse : 1 film, 8 victimes
- Halloween : 4 films, 69 victimes
- Vendredi 13 : 8 films, 116 victimes
- Les griffes de la nuit : 5 films, 31 victimes

ANNÉES 1990

TOTAL DES VICTIMES 127

- Massacre à la tronçonneuse : 2 films, 19 victimes
- Halloween : 3 films, 52 victimes
- Vendredi 13 : 1 film, 25 victimes
- Les griffes de la nuit : 1 film, 8 victimes
- Scream : 1 film, 10 victimes

ANNÉES 2000

TOTAL DES VICTIMES 154

- Massacre à la tronçonneuse : 2 films, 17 victimes
- Halloween : 2 films, 22 victimes
- Vendredi 13 : 1 film, 21 victimes
- Les griffes de la nuit : 2 films, 21 victimes
- Scream : 2 films, 18 victimes
- Saw : 6 films, 54 victimes

ANNÉES 2010

TOTAL DES VICTIMES 45

- Les griffes de la nuit : 1 film, 5 victimes
- Scream : 1 film, 13 victimes
- Saw : 1 film, 27 victimes

Jason 162 meurtres en 10 films = **16,2** victimes par film

Michael Myers 148 meurtres en 10 films = **14,8** victimes

Jigsaw (+ disciples) 81 meurtres en 7 films = **11,5** victimes

Ghostface 41 meurtres en 4 films = **10,25** victimes

Leatherface 49 meurtres en 6 films = **8,1** victimes

Freddy 65 meurtres en 9 films = **7,2** victimes

Sources : horror-movies.wikia.com – pour *Scream* : scream.wiki.com – pour *Vendredi 13* : slightlywarped.com

THE KING OF **COMEDY**

Découvrez la célèbre comédie qui se cache derrière chaque visage à l'aide de la première lettre d'un mot clé de son titre.

 Solutions p. 160

TOUT LE MONDE DIT **I LOVE YOU**

Voici tous les ingrédients pour réussir une comédie romantique.

Intrigue

1 Ils réalisent enfin qu'ils sont faits l'un pour l'autre
2 Elle est écrivain, célibataire et malheureuse
3 Un couple se lie grâce à leurs chiens
4 Une jeune citadine tombe amoureuse à la campagne
5 Elle est belle mais l'ignore
6 Mauvaises influences
7 Elle aime un homme mort
8 Ils peuvent remonter le temps
9 Elle trouve chaussure à son pied
10 Éternelle demoiselle d'honneur, jusqu'au jour où...

Actrices

JENNIFER ANISTON	HELEN HUNT	LEEANN RIMES
DREW BARRYMORE	CATHERINE KEENER	MOLLY RINGWALD
SANDRA BULLOCK	MIA KIRSHNER	JULIA ROBERTS
RACHAEL LEIGH COOK	DIANE LANE	MEG RYAN
KAT DENNINGS	JENNIFER LOPEZ	JENNIFER LAWRENCE
CAMERON DIAZ	ANDIE MCDOWELL	JULIET STEPHENSON
ISLA FISHER	MICHELLE MONAGHAN	JULIA STILES
JANEANE GAROFALO	DEMI MOORE	BARBRA STREISAND
ANNE HATHAWAY	SARAH JESSICA PARKER	KATE WINSLET
KATHERINE HEIGL	MICHELLE PFEIFFER	REESE WITHERSPOON
KATE HUDSON	RACHEL MCADAMS	RENEE ZELLWEGGER

DANIEL **DAY-LEWIS** : EN AVOIR OU PAS ?

L'acteur britannique Daniel Day-Lewis s'est laissé pousser la moustache et/ou la barbe pour chacun des trois films qui lui ont valu de remporter un Oscar. Bien que son jeu d'acteur fût salué à de nombreuses reprises, son interprétation de personnages rasés de près ne fut jamais récompensée. Les membres du jury lui ont préféré des hommes plus... poilus.

My Left Foot (1989)
Oscar, Golden Globe, BAFTA

Le dernier des Mohicans (1992)
Nommé aux BAFTA ; le lauréat Robert Downey Jr (*Chaplin*) avait une petite moustache

Lincoln (2012)
Golden Globe, Oscar, BAFTA

Nine (2009)
Nommé aux Golden Globes dans la catégorie Meilleur acteur dans un film musical ou une comédie ; le lauréat Robert Downey Jr (*Sherlock Holmes*) avait une barbe de trois jours

CLÉ

- *barbe et/ou moustache, récompensé*
- *rasé, nommé mais pas récompensé*

Au nom du père (1993)
Nommé aux Oscars et aux Golden Globes ; le lauréat Tom Hanks (*Philadelphia*) était mal rasé

The Boxer (1997)
Nommé aux Golden Globes ; le lauréat Peter Fonda (*L'or de la vie*) portait une barbe de trois jours

Gangs Of New York (2002)
BAFTA. Nommé aux Oscars ; le lauréat Adrien Brody (*Le pianiste*) avait une barbe et une moustache. Nommé aux Golden Globes ; le lauréat Jack Nicholson (*Monsieur Schmidt*) portait une barbe de trois jours

There Will Be Blood (2007)
Oscar, Golden Globe, BAFTA

Source : Box Office Mojo

APOCALYPSE **NOW !**

Dans les plus grands films apocalyptiques, l'humanité toute entière est menacée par la colère de Dieu, l'Homme, Mère Nature ou l'Espace. Savez-vous lequel de ces périls fait le plus de recettes au box-office ?

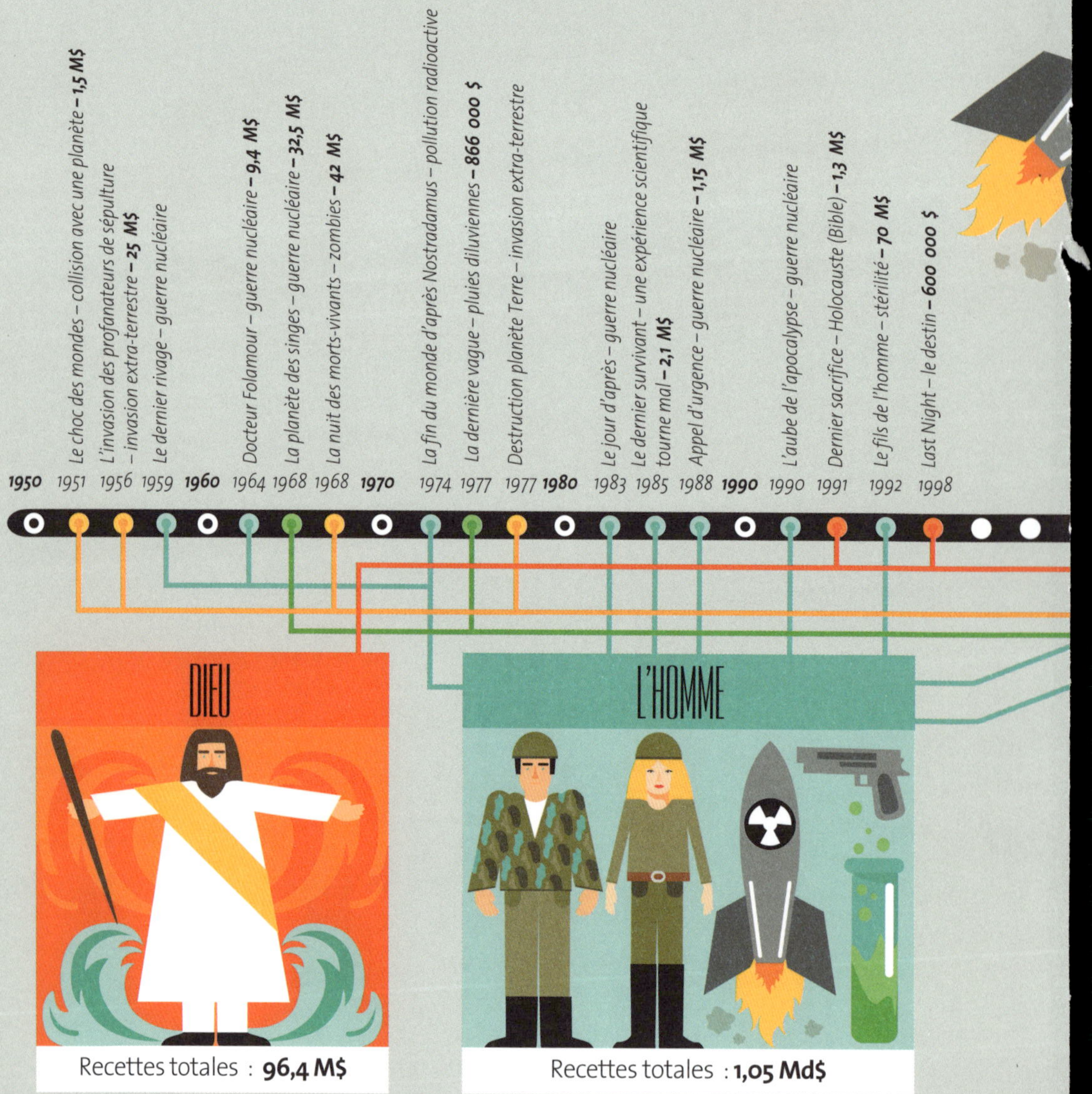

Source : Box Office Mojo

Designers graphiques

Marc Morera Agustí (p. 62-63)
Lizzie Astles (p. 24-25)
Jake Bartok (p. 38-39)
Stef Bayley (p. 13, 31, 58-59, 133)
Antony Bearpark (p. 48)
Federica Bonfanti (p. 22-23, 44-45)
Marwa Boukarim (p. 150-151)
Giulia De Amicis (p. 102-103)
Barbara Doherty (p. 28-29, 46-47, 81, 87, 116, 135, 153)
Cruz Dragosavac (p. 72-73)
Jacopo Ferretti (p. 26-27, 40-41, 114-115)
Clarissa Gonzalez (p. 61)
Lorena Guerra (p. 49, 64-65, 80, 82-83, 88-89, 92, 108, 109, 120, 141)
Simon Heard (p. 11)
Natasha Hellegouarch (p. 32-33, 90-91, 96, 122, 138, 158)
Daniel Nolen (p. 69)
Sam Parij (p. 14-15, 94-95, 156-157)
Saakshita Prabhakar (p. 36-37, 134)
Darren Reynolds (p. 16-17, 42-43, 70-71, 140, 144-145, 146, 148-149)
Matteo Riva (p. 54-55, 66-67, 100-101, 128-129, 130-131)
Aleksandar Savic (p. 78, 104, 117)
Yael Shinkar (p. 20, 84-85, 126-127, 142-143)
Shahed Syed (p. 50-51)
Cristina Vanko (p. 76-77)
Mengying Wang (p. 56)
Ryan Welch (p. 21, 68, 93)
James Wendelborn (p. 57)
Stephen Wildish (p. 12, 34, 79, 98, 132, 154)
Scott Williams (p. 112-113)
Gemma Wilson (p. 18-19, 52, 53, 105, 110-111, 121, 147, 152)
Anil Yanik (p. 74-75)

Solutions

Films des **années 1970** (page 12)
L'aventure du **P**oséidon – Une belle **T**igresse – Les **D**ents de la mer – **R**ocky – **Y**anks – **A**pocalypse Now – **V**ol au-dessus d'un nid de coucou – **D**élivrance – Un nouvel amour de **C**occinelle – **M**ondwest

Films des **années 1980** (page 34)
Flight of the Navigator – **T**een Wolf – Les **I**ncorruptibles – **Z**elig – **L**abyrinthe – **Di**rty Dancing – **Ch**érie, j'ai rétréci les gosses – **X**anadu – **R**etour vers le futur – **P**rincess Bride

Films des **années 1990** (page 79)
Alerte ! – **G**host – Vous avez un **M**ess@ge – **X**-Files, aux frontières du réel – **D**umb & Dumber – Allô maman, ici **B**ébé ! – **M**aman, j'ai raté l'avion ! – **Q**uiz Show – **U**sual Suspects – **B**odyguard

Films des **années 2000** (page 98)
V pour vendetta – Le secret de **B**rokeback Mountain – **E**ternal Sunshine of the Spotless Mind – **N**apoleon Dynamite – **O**' Brother – **G**angs of New York – Les sentiers de la **P**erdition – Et... ta **M**ère aussi ! – **I**ncassable – Le fabuleux destin d'**A**mélie Poulain

Adaptation (page 132)
Lovely Bones – **S**hining – **C**harlie et la chocolaterie – **T**rue Grit – We Need to Talk About **K**evin – La **Ma**îtresse du lieutenant français – No Country for **O**ld Men – **Z**odiac – **A**merican Psycho – Le chien des **B**askerville – **P**roposition indécente – **Y**oung Adam – Le **C**hacal – **U**lysse – **D**iamants sur canapé – **K**-Pax, l'homme qui vient de loin – Le **P**atient anglais – Les **V**estiges du jour – **V**anity Fair – **Mi**llénium, les hommes qui n'aimaient pas les femmes

The King of Comedy (page 154)
Happy Gilmore – **K**ingpin – La **F**olle histoire de l'espace – **D**octeur Folamour – **V**ice Versa – L'**O**ncle Buck – **Q**uick Change – **C**arry on Doctor – **R**etour à la fac – La **P**anthère rose – Un **J**our sans fin – **N**apoleon Dynamite – Un vrai **S**chnock – We Are Four **L**ions – Mon **B**eau-père, mes parents et moi – **R**oxanne – **B**êtes de scène – **F**rankenstein junior – **W**ithail et moi – La vie de **B**rian